Schmoll
Didaktik schön einfach

E-Book inside

Mit dem untenstehenden Download-Code erhalten Sie die PDF-Version dieses Buches.

So laden Sie Ihr E-Book Inside herunter:

1. Öffnen Sie die Website: http://www.beltz.de/ebookinside
2. Geben Sie den untenstehenden Download-Code ein und füllen Sie das Formular aus.
3. Mit dem Klick auf den Button am Ende des Formulars erhalten Sie Ihren persönlichen Download-Link.
   [Für den Einsatz des E-Books in einer Institution fragen Sie bitte nach einem individuellen Angebot unseres Vertriebs: buchservice@beltz.de. Nennen Sie uns dazu die Zahl der Nutzer, für die das E-Book zur Verfügung gestellt werden soll.]
4. Der Code ist nur einmal gültig. Bitte speichern Sie die Datei auf Ihrem Computer.
5. Beachten Sie bitte, dass es sich bei Ihrem Download um eine Einzelnutzerlizenz handelt. Das E-Book ist für Ihren persönlichen Gebrauch bestimmt.

Download-Code

G2FYVGY2FY

Lars Schmoll

Didaktik schön einfach

Eine Einführung mit 40 Visualisierungen

E-Book inside

BELTZ

Dr. Lars Schmoll ist Fach- und Kernseminarleiter am Studienseminar. Er unterrichtet am Grashof-Gymnasium in Essen. Er ist Lehrbeauftragter an der Universität Duisburg-Essen und bildet als ausgebildeter Coach Schulen in ganz Deutschland fort.

MIX
Papier | Fördert gute Waldnutzung
FSC® C089473

Dieses Buch ist erhältlich als:
ISBN 978-3-407-63302-6 Print
ISBN 978-3-407-63303-3 E-Book (PDF)

1. Auflage 2024

in der Verlagsgruppe Beltz · Weinheim Basel
Werderstraße 10, 69469 Weinheim

Lektorat: Svenja Dilger
Umschlaggestaltung: Michael Matl

Umschlagabbildung: © gettyimages/tatarnikova
Gestaltung der Illustrationen im Innenteil: Carolin Hübner
Satz und Herstellung: Michael Matl
Druck und Bindung: Beltz Grafische Betriebe, Bad Langensalza
Beltz Grafische Betriebe ist ein Unternehmen mit finanziellem Klimabeitrag (ID 15985-2104-1001).
Printed in Germany

Weitere Informationen zu unseren Autor:innen und Titeln finden Sie unter: www.beltz.de

Inhalt

Vorwort

Didaktik – schön einfach! Ein Widerspruch? Kann etwas so komplexes, wie die didaktische Theorie, einfach und leicht verständlich dargestellt werden? Albert Einstein soll gesagt haben: »Wenn du es nicht einfach erklären kannst, hast du es noch nicht gut genug verstanden«. Die Antwort auf die Frage lautet demnach: »Ja, Didaktik kann leicht verständlich vermittelt werden«. Gleichwohl besitzt die einfache Darstellung komplexer Sachverhalte immer eine gewisse »Begrenzung« oder besser »Fokussierung«. Die Darstellung eines didaktischen Modells auf einer Buchseite etwa kann selbstverständlich nur die wesentlichen Aspekte herausstellen.

Die im Buchtitel angesprochene »Schönheit« bezieht sich gleichsam auf die Zeichnungen oder – wie man heute sagt – »Sketchnotes«. Dieser englische Begriff hat sich auch bei uns durchgesetzt und meint eine Art visuelle Notiz. Eine solche Notiz stellt eine Kombination von Text, Symbolen und einfachen Zeichnungen dar. Dass Behaltensleistungen durch die Kombination von Text und Bild positiv beeinflusst werden, ist schon seit langem bekannt.

Das vorliegende Bändchen hat damit das Ziel, die Grundzüge der Allgemeinen Didaktik einfach und anschaulich darzustellen. Damit verbunden ist die Hoffnung, dass einzelne Modelle, Konzepte oder Stichworte für den alltäglichen Gebrauch der Lehrkraft nutzbar werden. Denn: Die Zeit der großen didaktischen Modelle oder Theorien ist meiner Überzeugung nach vorbei oder besser: *Sie bedürfen einer realistischen Analyse der Anwendung*. Allenfalls in universitären Seminarveranstaltungen dürften sich Lehrkräfte didaktische Modelle, Konzepte und Begrifflichkeiten noch umfassend mithilfe von Primärliteratur theoretisch erschließen.

Zeiten der Überforderung und ein zunehmendes Aufgabenbündel (etwa Inklusion, Unterricht von Geflüchteten, Digitalisierung) hindern Lehrkräfte häufig daran, sich umfassend mit theoretischen Aspekten der Didaktik zu beschäftigen. Hier ist ein schneller Zugriff auf einzelne Stichworte aus dem Bereich der Didaktik zeitgemäß und anwenderfreundlich. Die Auswahl der Modelle, Konzepte und Stichworte ist dabei nicht willkürlich. Sie stellt aber eine Momentaufnahme dar. Die Bedeutung einzelner Begriffe wird sich verändern und es werden neue dazukommen. Scheuen Sie sich nicht, Vorschläge einer Erweiterung zu unterbreiten.

Herdecke, im Juni 2024
Lars Schmoll

Didaktik: gestern – heute – morgen | 1

Gibt man in die Suchmaschine eines großen Online-Händlers das Wort »Didaktik« ein, so überrascht das Ergebnis. Einer der ersten Treffer ist das Buch »Didaktische Modelle« von Werner Jank und Hilbert Meyer. Selbstredend ein Klassiker didaktischer Lehrbücher, aber eben auch schon über 30 Jahre alt und mittlerweile in der 14. Auflage erschienen (Jank & Meyer 2002). Dabei besitzen die Didaktik und der didaktische Diskurs im deutschsprachigen Raum eine besondere Tradition. Als Vater der Didaktik gilt Johann Amos Comenius, der 1592 geboren wurde und neben der allgemeinen Schulpflicht eine gewisse Strukturiertheit des Unterrichts forderte. Die großen theoretischen Entwürfe im ausgehenden 20. Jahrhundert markierten wichtige Diskussionen zu Fragen der Lehr- und Lernprozesse in der Schule. Insbesondere die → **bildungstheoretische Didaktik** und die → **lehrtheoretische Didaktik** sind hier zu nennen. Die Hochphase der Disziplin der Allgemeinen Didaktik verortet Trautmann (2016, S. 9) zwischen den 1960er und 1980er Jahren.

Spätestens seit dem Aufstieg der empirischen Bildungstheorie und der Lehr-Lern-Theorie gerieten die klassischen Konzepte und Modelle der Allgemeinen Didaktik unter Druck. Die Diskussionen über den Kern und den Wert der Allgemeinen Didaktik sind allerdings schon weitaus älter. Vor allem die Frage, ob die Didaktik eine Handlungswissenschaft darstellen soll oder nicht, wurde in den letzten Jahrzehnten immer wieder diskutiert. Aus Sicht der Schulpraxis ist diese Debatte akademisch und ärgerlich. Als ich junger Doktorand war, hörte ich bei einer Tagung den Satz: »Praxis ohne Theorie ist blind, aber Theorie ohne Praxis ist leer!« Allgemeine Didaktik musste und muss beides liefern, umsetzbares Handlungswissen.

Heute scheint die Zeit der großen Didaktiken vorbei. Zwar gab es in den letzten Jahren einige neuere Konzeptionen (etwa die → **konstruktivistische Didaktik** oder die → **Neurodidaktik**), diese konnten aber nicht an die Bedeutung der großen Didaktiken anknüpfen. Neuere Publikationen zum Thema sind eher Mangelware und beschränken sich als Neuauflagen zumeist auf Zusammenfassungen, die kaum Neuerungswert besitzen (etwa Coriand 2017; Terhart 2017; Lehner 2019). Zuweilen bekommt man gar den Eindruck, dass die »Allgemeine Didaktik« nur noch antiquarischen Wert für die Schule von heute hat, auch wenn Lehramtsstudierende in der Ausbildung noch mit Begrifflichkeiten und Schemata der klassischen Didaktiken hantieren. Im Ringen um das Selbstverständnis der Disziplin der »Allgemeinen Didaktik« sieht Trautmann (2018, S. 20) beim Blick in die Zukunft zwei Szenarien.

- *Niedergang*: Diskussionen über Ziele und Inhalte von Schule und Unterricht werden nur noch in den Fachdidaktiken geführt. Allgemeine Didaktik begrenzt sich auf oberflächliche Kompetenzkataloge.
- *Modernisierung*: Forschungsmethoden der Allgemeinen Didaktik werden verfeinert und es erfolgt nicht nur eine Theoretisierung klassischer Modelle.

Würde ich an den Niedergang glauben, so hätte ich vermutlich dieses Buch nicht geschrieben. Allerdings gibt es aus meiner Sicht bei einer Modernisierung vor allem zwei Problemfelder, welche die »Allgemeine Didaktik« in der *Zukunft* auflösen muss.

- *Konkurrenz der empirischen Bildungsforschung:* Etwa seit den 2000er Jahren begann der Siegeszug der empirischen Bildungsforschung und der psychologisch geprägten Lehr-Lern-Forschung. Die Frage nach Merkmalen eines guten Unterrichts rückte in den Mittelpunkt. 2012 erschien die Hattie-Studie, die empirisch belastbare Ergebnisse zur Unterrichtsqualität lieferte. Didaktische Überlegungen, die lediglich normative-theoretische Hintergründe aufwiesen, rückten in den Hintergrund. Wie kann eine Integration dieser Erkenntnisse gelingen?
- *Veränderung der Schulwirklichkeit und fehlende Praxisrelevanz:* Betrachtet man die heutige Schulwirklichkeit, so werden die Lehrkräfte vor eine Vielzahl (neuer) Aufgaben gestellt. Inklusion, Be-

schulung geflüchteter Kinder und Jugendlicher, zunehmende Heterogenität und eine digitale Gesellschaft sind nur einige Herausforderungen. Angesichts dieser Veränderung bleibt in Aus- und Fortbildung der Lehrkräfte schlichtweg keine Zeit mehr, um sich umfassend mit Fragen der »Allgemeinen Didaktik« zu beschäftigen. Zumal die theoretischen Diskurse nicht selten überflüssig theoretisch aufgeladen und wenig praxisnah erfolgen. Wie kann es gelingen, den Wert der Allgemeinen Didaktik zu verdeutlichen und für Lehrer:innen im Alltag nutzbar zu machen?

Morgen muss es meiner festen Überzeugung nach in der Schule und Lehrer:innenbildung auch noch einen Platz geben für eine Einführung in didaktische Fragen. Nur brauchen wir leichter zugängliche, praxisnahe Hinweise. Daher dieses Buch!

Didaktische Modelle und Konzepte 2

In diesem Teil des Buches werden die aus meiner Sicht gängigen didaktischen Modelle und Konzepte dargestellt. Natürlich gibt es noch weitere Ansätze. Das Kriterium meiner Auswahl bezog sich auf die von mir wahrgenommene Bedeutung und Aktualität der Ansätze. Dabei verzichte ich auf eine genaue Abgrenzung zwischen einem didaktischen Modell und einem didaktischen Konzept, auch wenn didaktische Modelle theoretisch differenzierter begründet sind und deutlich einer wissenschaftstheoretischen Position zuzuordnen sind, wie etwa die → **bildungstheoretische Didaktik** oder die → **lehrtheoretische Didaktik**. Unterrichtskonzepte weisen dagegen eine größere Nähe zur Unterrichtspraxis auf, da diese häufig sehr viel konkreter Aspekte einer aus ihrer Sicht optimalen Unterrichtsgestaltung darlegen, wie etwa die → **lernzielorientierte Didaktik** oder → **kompetenzorientierte Didaktik**. In neueren Ansätzen wie der → **Neurodidaktik** verwischen diese Unterscheidungen.

Aus Sicht der Unterrichtspraxis ist die Unterscheidung zwischen einem didaktischen Modell und einem didaktischen Konzept nicht sehr wichtig. Zentral ist lediglich die Frage, ob mir die Auseinandersetzung mit dem didaktischen Ansatz helfen kann, meine Unterrichtsplanung, -durchführung und -auswertung zu optimieren. Es gilt dabei aus meiner Sicht, den eigenen Unterricht immer mal wieder zu hinterfragen und nach Optimierungsmöglichkeiten zu fahnden. Hierbei können gleichsam alte und neue Ansätze helfen, die Reflexion zu vertiefen und Optimierungswege zu beschreiten. Im Idealfall passiert dies im kollegialen Austausch im Rahmen von schulischen Maßnahmen zur Unterrichtsentwicklung.

Quasi für den Unterrichtsalltag und die tägliche Reflexion habe ich mir erlaubt, mit der → **pragmatischen Didaktik** einen sehr einfachen Zugang zu ergänzen. Dieser ermöglicht sowohl in der Vor- als auch in der Nachbereitung eine sehr schnelle Überprüfung der Qualität des eigenen Unterrichts. Der Ansatz ist dabei sehr erfahrungsorientiert auf der Grundlage von 15 Jahren Tätigkeit in der Ausbildung von Lehrkräften in der zweiten Phase. Allerdings findet ebenfalls eine enge Verknüpfung an die Diskussionen um einen guten Fachunterricht statt.

Grundsätzlich ist jeder der hier aufgeführten Ansätze geeignet, die Reflexion der Lehrkraft über den eigenen Unterricht zu bereichern. Empfehlenswert ist immer eine gemeinsame Fort- und Weiterbildung, auch wenn natürlich im Schulalltag dazu die Ressourcen zunächst selbst geschaffen werden. Das theoriegeleitete Nachdenken über die eigene berufliche Praxis kann allerdings auf vielen Ebenen positive Effekte bewirken, nicht zuletzt auf der Ebene der Berufszufriedenheit und der Überzeugung des eigenen unterrichtlichen Handelns.

Bildungstheoretische Didaktik I: Die didaktische Analyse

Die »bildungstheoretische Didaktik« ist untrennbar mit dem Namen Wolfgang Klafki verbunden. Klafki arbeitete ab 1948 gut vier Jahre als Volksschullehrer in der Nähe von Hannover, bevor er sich 1952 wieder der Hochschule zuwandte. Er promovierte 1957. Seine Promotion mit dem Titel »Das pädagogische Problem des Elementaren und die Theorie der kategorialen Bildung« kann als Grundstein seiner Didaktik angesehen werden. Ein Jahr später erschien dann die erste Version seiner didaktischen Analyse, die bis heute der Kern der bildungstheoretischen Didaktik darstellt (Klafki 1958). Wie der Name besagt, geht es in der bildungstheoretischen Didaktik darum, den Bildungsgehalt des Unterrichtsinhalts oder besser des Unterrichtsgeschehens offen zu legen. Mit seiner »kategorialen Bildung« schuf Klafki eine Synthese des bis dahin herrschenden Dualismus zwischen »materialen Bildungstheorien«, bei dem das Objekt, also der Inhalt, im Zentrum steht, und »formalen Bildungstheorien«, bei denen das Subjekt im Mittelpunkt steht. Dazu Klafki:

> »Bildung ist kategoriale Bildung in dem Doppelsinn, daß sich dem Menschen eine Wirklichkeit kategorial erschlossen hat und daß eben damit er selbst – dank der selbstvollzogenen kategorialen Einsichten, Erfahrungen, Erlebnisse – für diese Wirklichkeit erschlossen worden ist« (Klafki 1963, S. 44).

Um eine solche kategoriale Bildung zu erreichen, bietet die bildungstheoretische Didaktik einige Instrumente, die sehr lange die Ausbildung angehender Lehrkräfte auf vielen Ebenen prägten.

- Die didaktische Analyse enthält fünf Grundfragen (Klafki 1962, S. 14 ff.), durch welche die Lehrkraft den Bildungsgehalt des geplanten Inhaltes klären kann:
  - *Gegenwartsbedeutung:* Welche Bedeutung hat der Inhalt im Leben der Lernenden?
  - *Zukunftsbedeutung:* Worin liegt die Bedeutung des Inhaltes für die Zukunft der Schüler:innen?
  - *Sachstruktur:* Welche besondere Struktur liegt dem Inhalt zugrunde?
  - *Exemplarische Bedeutung:* Welche allgemeingültigen Sachverhalte werden durch die Inhalte erschlossen?
  - *Zugänglichkeit:* Was bietet der Inhalt für besondere Fälle, Phänomene etc., um den Inhalt für die Kinder und Jugendlichen besonders anschaulich und begreifbar zu machen?
- Zur bildungstheoretischen Didaktik gehört auch die Offenlegung des Besonderen und des Allgemeinen eines Unterrichtsinhalts. Denn, so eine Kernaussage der Didaktik, nicht alles, was gelehrt wird, bildet. Dafür bietet Klafki drei Prüfbegriffe:
  - Das *Elementare* verweist auf die notwendigen allgemeinen Aspekte und Gesetzmäßigkeiten, die durch den besonderen Inhalt aufgedeckt werden können.
  - Das *Fundamentale* fordert die Vermittlung grundlegender Einsichten. Diese erfolgen nur dann, wenn Einsichten prägend gewonnen werden. Hier verbirgt sich das zentrale Prinzip der → **Schüler:innenorientierung**.
  - Das *Exemplarische* schließt sich daran an und fordert, dass im Unterricht eindrucksvolle und fruchtbare Beispiele angeboten werden müssen.
- In diesem Sinne ist im Planungsprozess die Klärung des Bildungsgehalts eines möglichen Inhalts von entscheidender Bedeutung.
- Unterrichtsplanung ist im Rahmen der bildungstheoretischen Didaktik gleichwohl immer ganzheitlich zu sehen und daher eine vorpädagogische Sachanalyse abzulehnen.
- Klafki prägte den Begriff der »Didaktik im engeren Sinne«. Darin wird zwar eine schrittweise Unterrichtsplanung im Sinne des Dreischritts (Sachanalyse – didaktische Analyse – methodische Überlegungen) abgelehnt, aber die überragende Bedeutung der Inhalts- und Zielauswahl hervorgehoben.

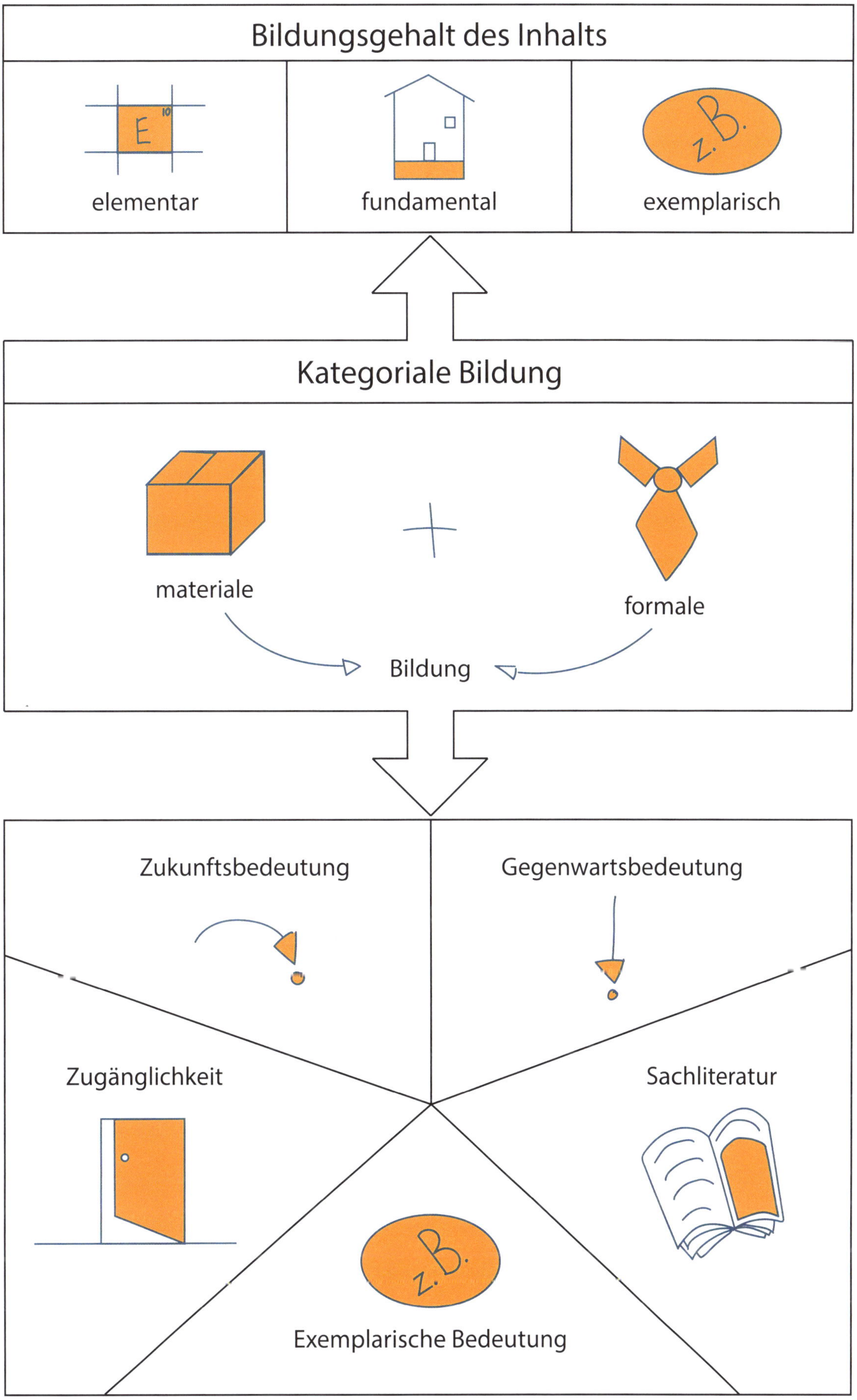
Bildungsgehalt des Inhalts
E
10
elementar
fundamental
z.B.
exemplarisch
Kategoriale Bildung
materiale
+
formale
Bildung
Zukunftsbedeutung
Gegenwartsbedeutung
Zugänglichkeit
Sachliteratur
z.B.
Exemplarische Bedeutung

Bildungstheoretische Didaktik II: Die kritisch-konstruktive Didaktik

In den 1970er Jahren wuchs die Kritik an der bildungstheoretischen Didaktik. Andere didaktische Ansätze waren entstanden, etwa die → **lehrtheoretische Didaktik** oder → **lernzielorientierte Didaktik**. Außerdem gab es neben der Kritik einer konservativen Inhaltsauswahl keinen erkennbaren Zugriff für die Unterrichtsforschung, um Aspekte der bildungstheoretischen Didaktik empirisch zu belegen. Klafki griff die Veränderungen in der didaktischen Landschaft und die Kritik auf und entwickelte seine Didaktik weiter. Dabei stützte er sich auf die Arbeiten von Jürgen Habermas. Dieser entwickelte die »Kritische Theorie« der Frankfurter Schule (Habermas 1968), in der das »emanzipatorische Erkenntnisinteresse« eine große Rolle spielt. Klafki hob daher in seiner (neuen) Didaktik die Freiheit des Subjekts hervor, die nach Möglichkeit in offenen Diskursen vollzogen werden sollte. Damit sind die beiden namensgebenden Begriffe der Weiterentwicklung der bildungstheoretischen Didaktik angebahnt. »Kritisch«, weil Schule und Gesellschaft in Teilen dem Erreichen von Bildungszielen im Wege stehen, und »konstruktiv«, weil Schule und Unterricht sich zu einer humanen und demokratischen Institution wandeln müssen. Die Überprüfung didaktischer Entscheidungen mithilfe vorhandener wissenschaftlicher Methoden wurde ebenfalls ergänzt. Es gilt, »die verborgenen historischen Momente, Zukunftsvorstellungen und philosophischen Implikationen herauszuarbeiten« (Klafki 1985, S. 48).

- Das »Primat der Didaktik im engeren Sinne« wurde weitestgehend aufgegeben und durch das »Primat der Zielentscheidungen« ersetzt, welches aber nicht planerisch hierarchisch zu sehen ist. Vielmehr geht es um den systematischen Zusammenhang aller Unterrichtsfaktoren, wie sie besonders die → **lehrtheoretische Didaktik** hervorhebt.
- Der Begriff der »kategorialen Bildung« bleibt bestehen. Allerdings wird er erweitert. Bildung muss, so Klafki (ebd., S. 45), »zentral als *Selbstbestimmungs-* und *Mitbestimmungsfähigkeit* des Einzelnen und als *Solidaritätsfähigkeit* verstanden werden«.
- Ausgehend von seiner → **didaktischen Analyse** entwickelt Klafki (1985, S. 213) ein (vorläufiges) Perspektivenschema zur Unterrichtsplanung. Das Schema enthält eine → **Bedingungsanalyse**, im Sinne der → **lehrtheoretischen Didaktik**. Die Lehrkraft analysiert demnach die »konkreten, soziokulturell vermittelten Ausgangsbedingungen einer Lerngruppe sowie die unterrichtsrelevanten institutionellen Bedingungen, einschließlich möglicher Schwierigkeiten und Störungen« (ebd.).
- Das Perspektivenschema führt des Weiteren vier Themenkomplexe auf, unter denen die sieben Fragen der Unterrichtsplanung nach dem kritisch-konstruktiven Ansatz subsumiert sind:
  1. Begründungszusammenhang
  2. Thematische Struktur
  3. Zugang- und Darstellungsmöglichkeit
  4. Methodische Strukturierung
- Der Komplex des *Begründungszusammenhangs* enthält Fragen nach der Gegenwartsbedeutung, der Zukunftsbedeutung und der exemplarischen Bedeutung, also das Herausarbeiten des Bildungsgehalts, im Sinne der → **didaktischen Analyse**.
- In der *thematischen Struktur* geht es um Zielfestlegungen, einschließlich sozialer Ziele des Unterrichts. Darüber wird dabei die Erweis- und Überprüfbarkeit ergänzt. Darunter verbirgt sich die Frage, »an welchen erworbenen Fähigkeiten, welchen Erkenntnissen, welchen Handlungen sich zeigen soll, ob die Lernprozesse als erfolgreich gelten können« (ebd.).
- Der Komplex der *Zugänglichkeit und Darstellbarkeit* nimmt die Frage in den Blick, welche Zugänge für die konkrete Lerngruppe in besonderer Weise die gewählten Bildungsziele erreichen können (z. B. konkrete Handlungen, Bilder).
- Der letzte Komplex nimmt die *Lehr-Lern-Prozessstruktur* in den Blick. Lernschritte, Interaktionsformen (→ **Sozialformen**) und Lernhilfen werden dabei betrachtet.
- Die Frage nach einer gültigen Allgemeinbildung beantwortet Klafki (1985; 1993) mit epochaltypischen Schlüsselproblemen.

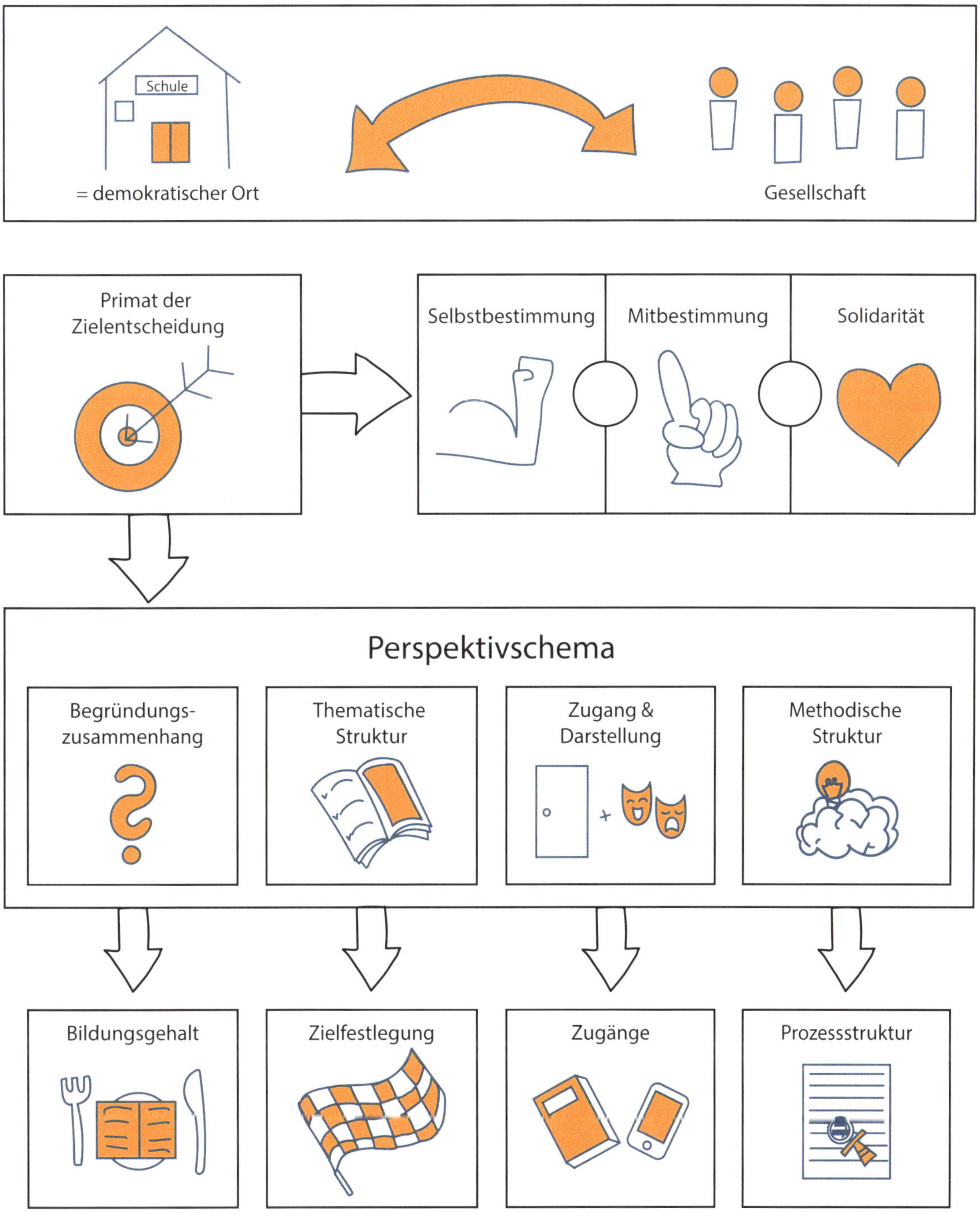
Schule
= demokratischer Ort
Gesellschaft
Primat der Zielentscheidung
Selbstbestimmung
Mitbestimmung
Solidarität
Perspektivschema
Begründungs-zusammenhang
Thematische Struktur
Zugang & Darstellung
Methodische Struktur
Bildungsgehalt
Zielfestlegung
Zugänge
Prozessstruktur

Lehrtheoretische Didaktik

Bis zum Beginn der 1960er Jahre war die → **bildungstheoretische Didaktik** mit der → **didaktischen Analyse** im Kern nahezu konkurrenzlos. Zu Beginn der 1960er Jahre veröffentlichte Paul Heimann (1962, S. 407 ff.) die erste Struktur der lehrtheoretischen Didaktik. Zusammen mit Gunter Otto und Wolfang Schulz wurde das sogenannte »Berliner Modell« entwickelt (1965). Dieses wurde in späteren Jahren von Schulz im »Hamburger Modell« der lehrtheoretischen Didaktik weiterentwickelt.

Im Mittelpunkt der lehrtheoretischen Didaktik stehen sechs Felder, welche die Struktur des Unterrichts ausmachen. Es gibt zwei Bedingungsfelder und vier Entscheidungsfelder, die alle in wechselseitiger Beziehung zueinander stehen (= Interdependenz). Die Bedingungsfelder sind die anthropogenen und sozio-kulturellen Vorausaussetzungen der Schüler:innen. Mit dem Wissen dieser Voraussetzungen legt die Lehrkraft die Ziele, den Inhalt, die Methode und die Medien des Unterrichts fest. Das bedeutet nach dieser Didaktik, dass es in der Unterrichtsplanung Aufgabe der Lehrkraft ist, diese Struktur zu analysieren. Frei nach Heimann lautet die Planungsaufgabe: »Die Lehrkraft bringt in einer bestimmten *Absicht* einen *Gegenstand* in den Horizont einer *Klasse*. Dies erfolgt auf *eine* bestimmte *Weise* mit bestimmten *Hilfsmitteln in einer besonderen Situation*«. Folgende Merkmale kennzeichnen auch noch die lehrtheoretische Didaktik.

- Im Hamburger Modell der Didaktik wurden drei Ebenen der Unterrichtplanung ausgewiesen. Die *Perspektivplanung* umfasst Überlegungen zu einem vollständigen Halbjahr oder zumindest einer Unterrichtsreihe. Die *Umrissplanung* nimmt die einzelne Unterrichtseinheit in den Blick. Die *Prozessplanung* blickt auf das eigentliche Unterrichtsgeschehen, in dem es in der Interaktion mit den Lernenden zu *Planungskorrekturen* kommen kann.
- Insbesondere in der *Perspektivplanung* sollten sich die Lehrkräfte über ihre geplanten Richtziele klar werden. Nach Schulz (1980, S. 23) geht es um die Anbahnung »einer kompetenten, selbstbestimmten und solidarischen Lebensführung«. Zu fördern sind also: Kompetenz, Autonomie und Solidarität.
- Ausgehend von den drei Richtzielen bietet das Hamburger Modell eine Planungsmatrix, in der die Themen bzw. Inhalte des Unterrichts drei Erfahrungsebenen besitzen sollten. Diese sind *Sacherfahrung* (z. B. Reimschema eines Gedichtes), *Gefühlserfahrung* (z. B. das Gedicht gibt mir Hoffnung) und *Sozialerfahrung* (z. B. zukünftig rücksichtsvolleres Verhalten). Somit ergibt sich eine Neun-Felder-Matrix.
- Im Laufe der Entwicklung vom Berliner- zum Hamburger-Modell näherte sich die lehrtheoretische Didaktik immer mehr der → **bildungstheoretischen Didaktik** an. Insbesondere im Postulat des »Primats der Didaktik im engeren Sinne« bestand Einigkeit (Klafki, Otto & Schulz 1977). Diese besagt sehr verkürzt, dass im Sinne einer *allgemeinen Zielorientierung* alle Aspekte der Unterrichtsplanung auf die Unterrichtsziele ausgerichtet sein müssen.

Die lehrtheoretische Didaktik erhielt in den ersten Jahrzehnten eine große Aufmerksamkeit, was vermutlich durch die Praxisnähe des Ansatzes begründbar ist. Die Weiterentwicklung durch Schulz hat darüber hinaus Kritik, insbesondere nach fehlender Wertfreiheit, an der ursprünglichen Fassung entkräftet. Heute ist die Didaktik fast schon als Wissenschaftsgeschichte zu bezeichnen und spielt in der Praxis der Ausbildung angehender Lehrkräfte allenfalls noch eine untergeordnete Rolle.

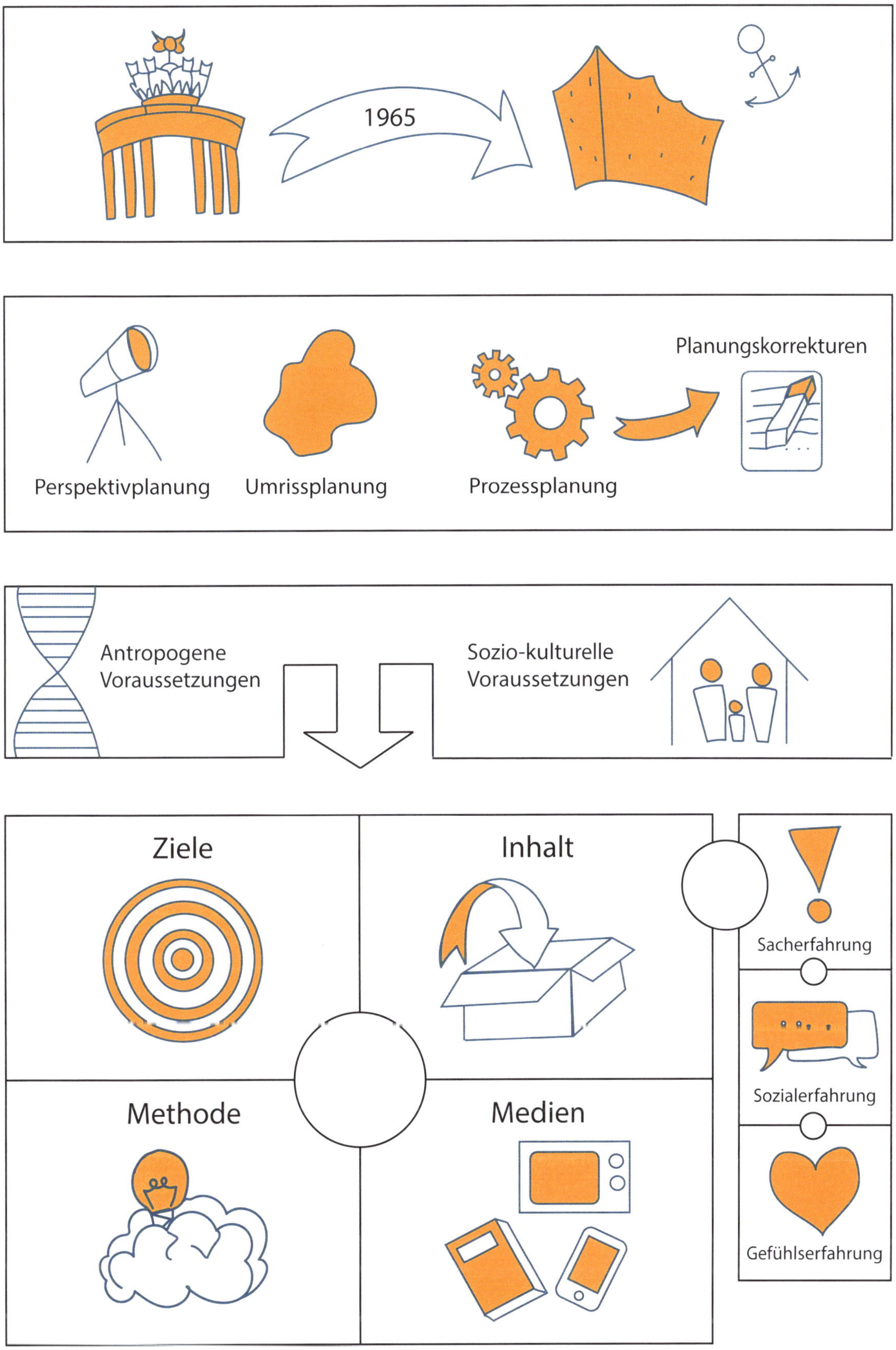
1965
Perspektivplanung
Umrissplanung
Prozessplanung
Planungskorrekturen
Antropogene Voraussetzungen
Sozio-kulturelle Voraussetzungen
Ziele
Inhalt
Methode
Medien
Sacherfahrung
Sozialerfahrung
Gefühlserfahrung

Lernzielorientierte Didaktik

Ende der 1960er Jahre bestanden die geltenden Lehrpläne in Deutschland zumeist nur aus Inhaltssammlungen mit sehr viel Interpretationsspielraum. Angesichts des rasanten wissenschaftlichen Fortschritts und großer gesellschaftlicher Veränderungen wurde die Zeitgemäßheit der Lehrpläne infrage gestellt (Roth 1968). Großen Einfluss erhielt in dieser Debatte die Arbeit das Amerikaners Saul B. Robinsohn. Dieser lehnte normative Fragen bei der Auswahl und Legitimation von Bildungsinhalten, wie sie die → **bildungstheoretische Didaktik** stellte, ab. In seiner Curriculumsforschung plädierte Robinsohn (1967) für relevante Determinanten, die bei der Ziel- und Inhaltsauswahl berücksichtigt werden müssten (z. B. Fach-, Schüler:innen- oder Gesellschaftsrelevanz). In dieser Zeit beschäftigte sich der eingesetzte Deutsche Bildungsrat mit der Aufgabe, Pläne und Strukturen des deutschen Bildungswesens zu optimieren. 1970 legte der Bildungsrat einen Strukturplan vor, der an vielen Stellen geprägt war von einzelnen Lernzielstufen, die im Unterricht angesteuert werden sollten.

In dieser Gemengelage entstand die lernzielorientierte Didaktik. Der Ursprung geht auf die Arbeit des Amerikaners Robert F. Mager zurück, der in seiner Didaktik des programmierten Unterrichts die Bedeutung der Lernziele besonders hervorhob (Mager 1965). Im deutschsprachigen Raum entwickelten zahlreiche Autoren daraus die lernzielorientierte Didaktik (Möller 1973; 1974; Meyer 1974 oder Peterßen 1974. Die Didaktik hat vor allem versucht zu klären, was ein Lernziel ist und welche Funktion dieses für die Unterrichtsgestaltung besitzt.

- Die Lernziele des Unterrichts müssen beobachtbar sein. Das bedeutet, im Sinne eines behavioristischen Lernbegriffs sind nur beobachtbare Verhaltensänderungen bei den Schüler:innen für den Unterricht relevant.
- Lernziele müssen operationalisiert werden. Dazu gehören neben der Beschreibung der beobachtbaren Verhaltensweise auch die Bedingungen, unter denen das Verhalten gezeigt werden muss, und der Bewertungsmaßstab.
- Lernziele sind in der Regel von außen gesetzte Ziele und beschreiben ein erwünschtes Verhalten.
- In der Unterrichtsplanung sind diese Verhaltensweisen von der Lehrkraft möglichst genau zu beschreiben.
- Lernziele lassen sich in drei Ebenen unterteilen. Abstrakte Richtziele, konkretere Grobziele und eindeutige Feinziele.
- Lernziele sind nach Dimensionen zu unterteilen. In der Regel werden drei Dimensionen unterschieden: die kognitive, affektive und psychomotorische Dimension.
- Lernziele sind durch geeignete Taxonomien zu hierarchisieren. Eine prominente Taxonomie der kognitiven Dimension wurde bereits in den 1950er Jahren von Benjamin Bloom, David Krathwohl und Bertram Masia (Bloom 1972) entwickelt und hat sechs Stufen: Kenntnisse → Verständnis → Anwendung → Analyse → Synthese → Beurteilung.

Die lernzielorientierte Didaktik wurde von Anfang an stark kritisiert. Sie verschwand relativ schnell aus der wissenschaftlichen Diskussion, hielt sich aber noch lange in der Schulpraxis, insbesondere in der Ausbildung angehender Lehrkräfte. Letztendlich sind die Widersprüche der Konzeption unübersehbar. Wie sollen etwa affektive Lernziele beobachtbar werden? Des Weiteren liegt der Didaktik ein zu formal-technokratisches Unterrichtsverständnis zugrunde, das in der Unterrichtspraxis scheitern muss. Gleichwohl ist die besondere Fokussierung auf die Lernziele wertvoll und die Instrumentarien der Didaktik haben das Potenzial, die Unterrichtsplanung zu optimieren. In der neueren → **kompetenzorientierten Didaktik** finden sich durchaus Parallelen, was aufgrund der massiven Kritik der lernzielorientierten Didaktik aber kaum ein Vertreter der Kompetenzorientierung zugeben würde.

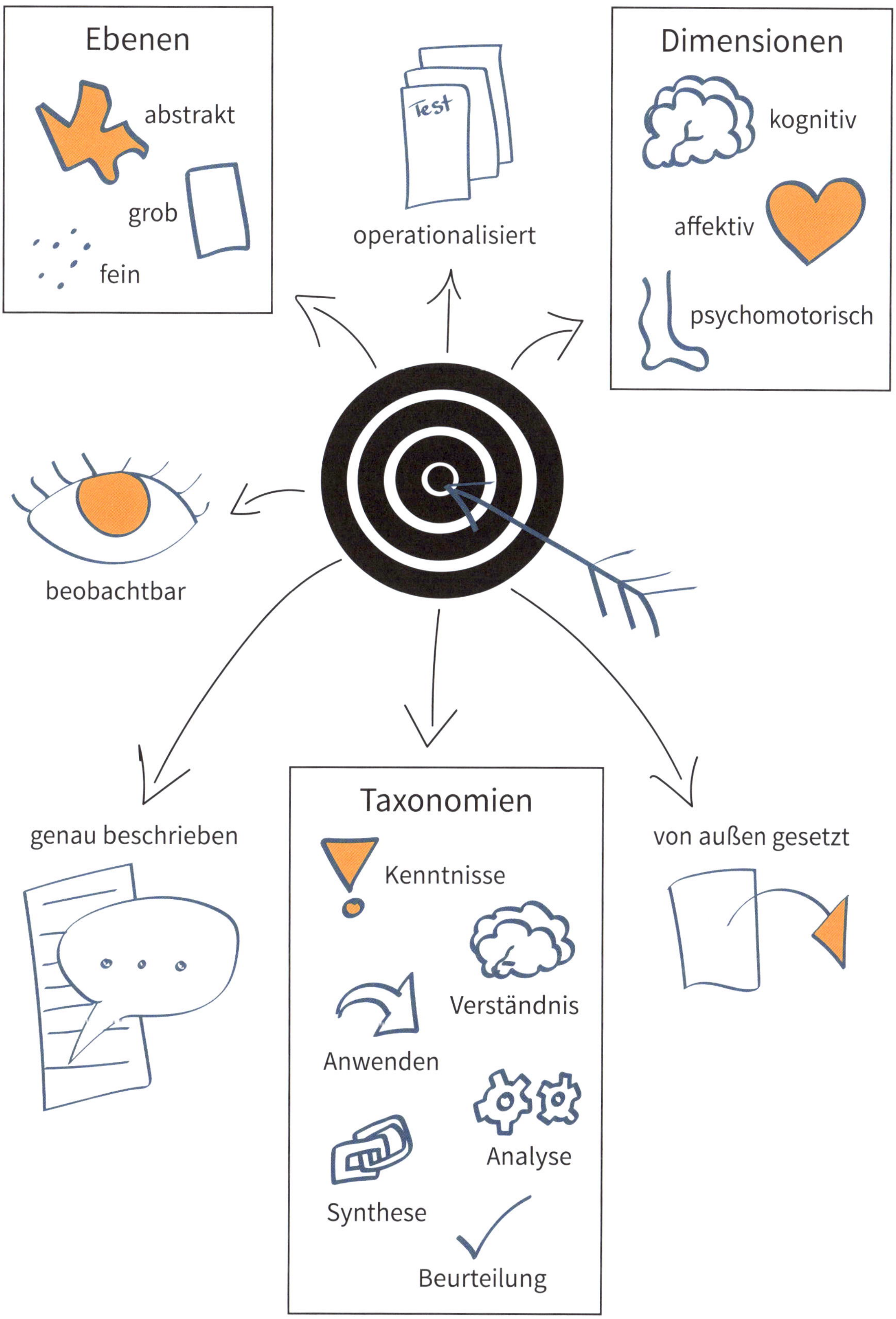
Ebenen
abstrakt
grob
fein
Test
operationalisiert
Dimensionen
kognitiv
affektiv
psychomotorisch
beobachtbar
genau beschrieben
Taxonomien
Kenntnisse
Verständnis
Anwenden
Analyse
Synthese
Beurteilung
von außen gesetzt

Kritisch-kommunikative Didaktik

Zu Beginn der 1970er Jahre hatten sich mit der → **bildungstheoretischen Didaktik** und der → **lehrtheoretischen Didaktik** die beiden großen didaktischen Theorien der Aus- und Fortbildung etabliert. Allerdings gab es bereits erhebliche Kritiklinien, die Winkel (2016, S. 163 f.) in sechs Defiziten zusammenfasst.

1. Didaktik muss Unterrichtsprozesse besser machen wollen.
2. Die kommunikativen Prozesse im Unterricht sind von entscheidender Bedeutung.
3. Didaktik benötigt ein bestimmtes Menschenbild.
4. Mögliche Störfaktoren sind in die Planung zwingend mitaufzunehmen.
5. Lehren und Lernen gehören untrennbar zusammen.
6. Didaktik ist mehr als ein Unterrichtsentwurf.

Insbesondere die Fokussierung auf Kommunikationsaspekte und die Berücksichtigung von möglicher Unterrichtsstörungen fanden in der Schulpraxis Anklang. In diese Richtungen entwickelten die Bochumer Pädagogen K. H. Schäfer und K. Schaller ihre kritisch-kommunikative Didaktik (Schäfer & Schaller 1973). Insbesondere R. Winkel hat die Didaktik in den Folgejahren weiterentwickelt. Oberstes Ziel der kritisch-kommunikativen Didaktik ist die Emanzipation in einer demokratischen und humanen Schulwirklichkeit. Unterrichtsprozesse besitzen mit dieser Fokussierung nach Winkel (2016, S. 100 ff.) immer vier Aspekte, welche es bei der Planung und Analyse zu beachten gilt.

- *Vermittlungsaspekt*: Darin geht es um die Auseinandersetzung mit der Sache und die Analyse aller Aspekte zum Lehren und Lernen (z. B. Medien, Methoden, Unterrichtsstufen). Insbesondere die Mitwirkung und Selbstbestimmung der Lernenden soll berücksichtigt werden.
- *Inhaltsaspekt*: Darin geht es um die Sichtbarmachtung des Inhalts im Unterricht (z. B. welche Erschließungsmöglichkeiten gibt es?). Zu berücksichtigen sind immer die Erfahrungen sowie die Relevanz für die (berufliche) Zukunft der Schüler:innen.
- *Beziehungsstrukturen*: Darin geht um die kommunikativen Strukturen des Unterrichts, also der Interaktion zwischen Lehrkraft und Lernenden und zwischen den Schüler:innen untereinander. Die Rolle der Lehrkraft ist vor allem als Dialogpartner:in, Unterstützer:in und Begleiter:in zu gestalten.
- *Störungsaspekte*: Darin geht es um die Antizipation möglicher Störungen und die Planung adäquater Reaktionen durch die Lehrkraft.

Der große Anspruch der Emanzipation und der Mitbestimmungsmöglichkeiten durch die Lernenden war ein Kritikpunkt an der kritisch-kommunikativen Didaktik. Selbst R. Biermann, ein Mitbegründer dieses didaktischen Theoriegebäudes, sieht Umsetzprobleme dieses Ziels aufgrund der eingeschränkten Handlungsspielräume der Lehrkräfte. Ein weiteres Problem besteht darin, dass es kaum praktische Planungsbeispiele gibt, an denen die kritisch-kommunikative Didaktik in ihrer Umsetzung erlebbar wird. Eines der wenigen Beispiele formuliert Meyer (1973).

Als großer Gewinn kann heute die Berücksichtigung der praktischen Schulwirklichkeit mit störanfälligen Kommunikationsstrukturen angesehen werden.

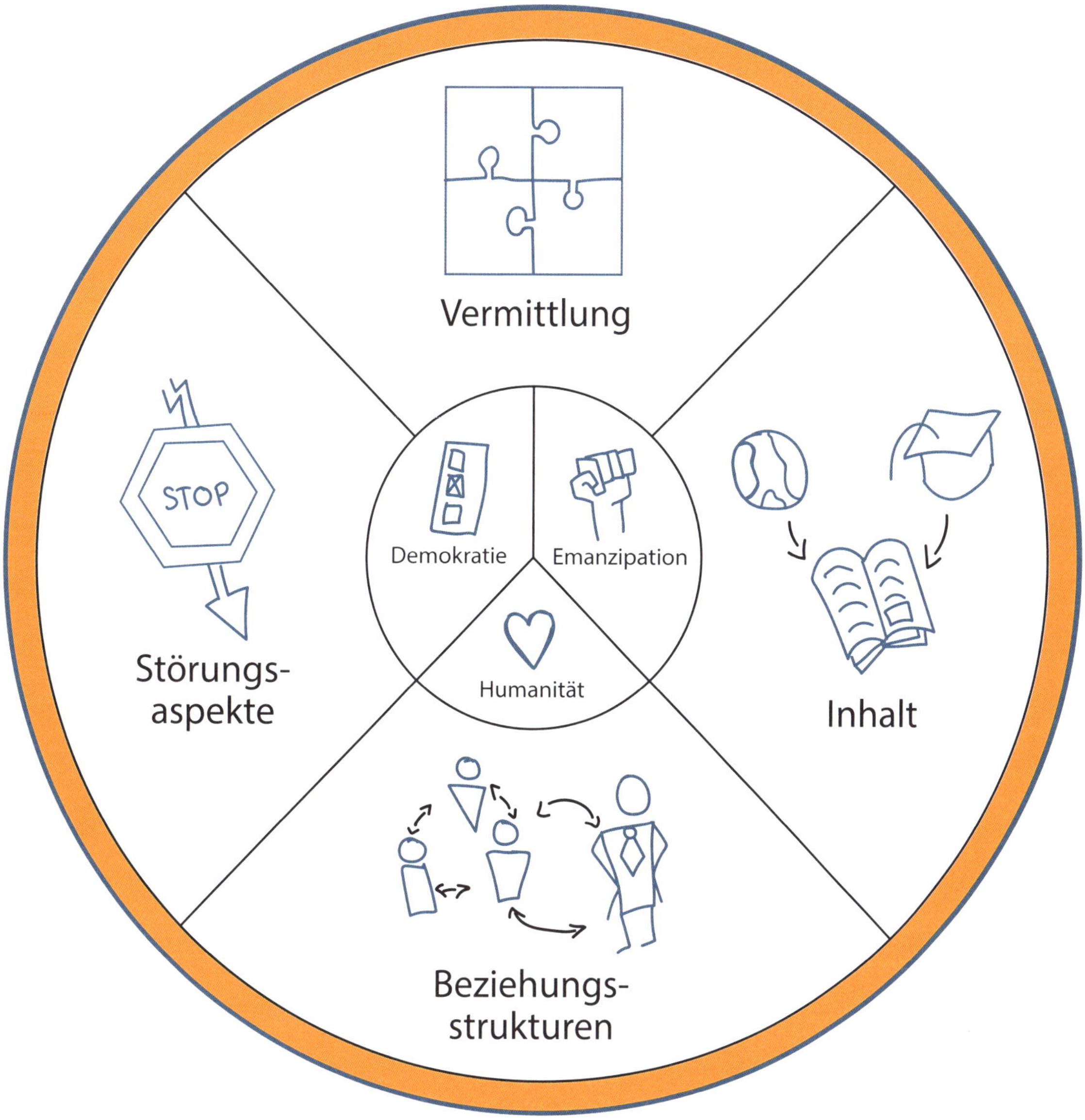

Vermittlung
STOP
Störungs-
aspekte
Demokratie
Emanzipation
Humanität
Inhalt
Beziehungs-
strukturen

Konstruktivistische Didaktik

Die konstruktivistische Wende startete in vielen wissenschaftlichen Disziplinen bereits Anfang der 1970er Jahre und berief sich philosophiegeschichtlich etwa auf Arbeiten von Kant, Nietzsche oder Husserl. Als Hauptaspekt des Konstruktivismus lässt sich folgendes Postulat formulieren:

> »Aussagen über die Realität können stets nur aus der Perspektive eines Beobachters getroffen werden. Erkenntnisse werden erst durch die Auseinandersetzung des Lernenden hervorgebracht und sind in hohem Maße individuell«.

Es dauerte ein paar Jahre, bis der Konstruktivismus auch das didaktische Denken erreichte. Ab den 1990er Jahren wurde sukzessive eine Didaktik entwickelt. Pädagogische Anknüpfung finden sich insbesondere bei J. Piaget, L. Wygotski oder M. Montessori. Grundsätzlich liegt der konstruktiven Didaktik ein Lernmodell zugrunde, welches die Eigentätigkeit der Lernenden und den Kontextbezug in den Mittelpunkt stellt. Lernumgebungen sind nach Möglichkeit situiert und individualisiert bereitzustellen.

K. Reich hat in besonderer Weise die konstruktiven Didaktik ausgearbeitet (Reich 2012) und sieht diese als klassischen Ansatz, der »sich deutlich aufgrund ihrer Theorieweite, Elaboriertheit und Wirkung in der Lehramtsausbildung gegenüber anderen« hervorhebt (Reich 2016, S. 186). Die konstruktive Didaktik nach Reich enthält ein Lernsetting in drei Schritten (ebd., S. 194).

1. *Rekonstruktion:* Hier erkunden die Lernenden die Wirklichkeit und Zusammenhänge in ihrer Lebenswirklichkeit.
2. *Konstruktion:* Hier planen die Lernenden ihre eigenen Lernhandlungen und werden in hohem Maße an der Auswahl der Ziele, Methoden und Medien beteiligt.
3. *Dekonstruktion:* Hier wird die (eigene) Wirklichkeit erneut in den Blick genommen und Aspekte, die bisher in der Lebenswelt der Schüler:innen als richtig und wahr angesehen wurden, werden neugestaltet, also dekonstruiert.

In diesem Dreischritt wird die klare Abgrenzung zu einem lehrerzentrierten Unterricht deutlich. Die konstruktive Didaktik ist demgegenüber handlungsorientiert, lernzentriert und systemisch angelegt. Darüber hinaus spielt die Beziehung zwischen der Lehrkraft und den Lernenden eine große Rolle. Denn alle Lehrkräfte »müssen sich stets vergegenwärtigen, dass nicht nur die Räume und äußeren Bedingungen, (…) nicht nur alles andere um sie herum eine Lernumgebung darstellt, sondern dass sie zunächst die wichtigste Lernumgebung für ihre Lerner sind« (Reich 2012, S. 17). Ein hohes Maß an Partizipation und die Nutzung von Peer-to-Peer-Lernen ist unabdingbar. Des Weiteren muss die Lehrkraft drei Handlungsperspektiven einnehmen, um erfolgreich lehren zu können.

- *Multiperspektivität*: Hier ist die Berücksichtigung der vielfältigen Lebenswelten gemeint (z. B. Kinder mit Zuwanderungsgeschichte, Kinder aus sozialbenachteiligten Milieus, Hochbegabte).
- *Multimodalität*: Hier sind individuelle Lernwege gemeint, die ein volles Ausschöpfen der gesamten Methodenbreite benötigen.
- *Multiproduktivität*: Hier ist vereinfacht eine stärkere Produktorientierung gemeint.

Die konstruktive Didaktik ist theoretisch basiert und in der Sache überzeugend. Den Nachweis der Bedeutung für die Praxis bleibt sie aber bis heute schuldig. Gleichwohl kann sie in der neuen Diskussion um eine Schule der Zukunft im Zeitalter der Digitalität ein Fixstern werden.

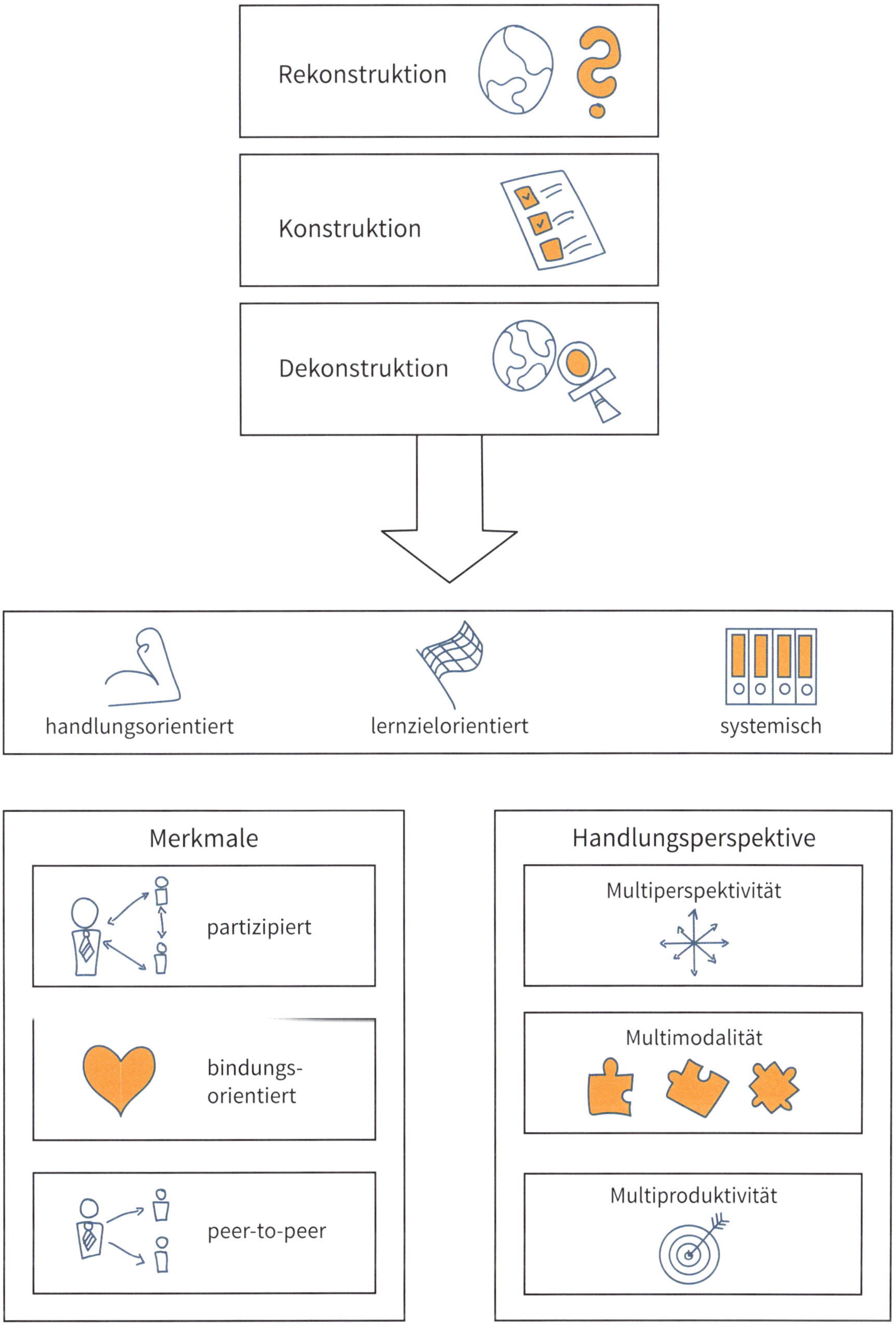
Rekonstruktion
Konstruktion
Dekonstruktion
handlungsorientiert
lernzielorientiert
systemisch
Merkmale
partizipiert
bindungs-
orientiert
peer-to-peer
Handlungsperspektive
Multiperspektivität
Multimodalität
Multiproduktivität

Kompetenzorientierte Didaktik

Die kompetenzorientierte Didaktik ist ein relativ neuer Ansatz und eine didaktische Strömung, die sich als Folge einer internationalen Vergleichsstudie entwickelt hat. Was war passiert? Im Jahr 2000 veröffentlichte die OECD die Ergebnisse einer erstmals durchgeführten international vergleichenden Schulleistungsuntersuchung. Die Ergebnisse ergaben, dass die Lernenden in Deutschland im Bereich Lesekompetenz, Mathematik und Naturwissenschaft deutlich unter dem OECD-Schnitt lagen. Die Studie lief unter dem Namen »Programme for International Student Assessment«, kurz: PISA. Der dadurch ausgelöste sogenannte *PISA-Schock* sorgte in Deutschland für vielfältige Maßnahmen auf verschiedenen Ebenen der Bildungspolitik. Kommissionen beschäftigten sich mit notwendigen Reformen. Zwei Begriffe leiteten diesen Reformprozess in besonderer Weise: *Standard-* und *Kompetenzorientierung*. Das war der Startschuss für die Entwicklung einer kompetenzorientierten Didaktik. Zur begrifflichen Klärung formulierte Weinert (2002, S. 27) seine mittlerweile klassische Definition.

> »Kompetenzen sind die den Individuen verfügbaren und durch sie erlernbaren kognitiven Fähigkeiten und motivationalen, volitionalen und sozialen Bereitschaften und Fähigkeiten, um die Problemlösungen in variablen Situationen erfolgreich und verantwortungsvoll nutzen zu können«.

Anzumerken ist allerdings, dass der Kompetenzbegriff in der didaktischen Diskussion keineswegs neu ist. Bereits Heinrich Roth wies 1970 darauf hin, dass die Schüler:innen durch Unterricht mehr wissen sollten, dieses Wissen aber auch einsetzen und sich dementsprechend verhalten sollten. Kompetenz sei danach immer dreidimensional (Kenntnisse, Fertigkeiten und Haltungen) (Ziener 2008, S. 24 f.). Abzugrenzen ist der *Kompetenzbegriff* vom *Standardbegriff*, der den Ausprägungsgrad einer bestimmten Kompetenz darlegt. Nach der Definition von Weinert stehen immer drei Aspekte im Zentrum eines kompetenzorientierten Unterrichts.

- Wissen
- Können
- Wollen

Lersch (2010, S. 37) ergänzt zwei weitere zentrale Aspekte eines Unterrichts, der deutlich auf Kompetenzerwerb ausgerichtet ist. Erstens folgt ein solcher Unterricht konsequent fachlichen Kompetenzmodellen. Diese führen Teilkompetenzen einer Kompetenz aus und formulieren Niveaustufen sowie Entwicklungsverläufe für den Kompetenzerwerb. Zweitens muss sich der Kompetenzzuwachs deutlich an einer überprüfbaren, konkreten unterrichtlichen Situation zeigen (*Performanzsituation*).

Diese beiden Aspekte wurden neben einer fehlenden bildungstheoretischen Begründung einer kompetenzorientierten Didaktik mitunter scharf kritisiert. Allgemeingültige Kompetenzstufenmodelle galten und gelten als sehr komplex und zu normativ. Ein Unterricht, der zu stark auf überprüfbare Situationen ausgerichtet ist, wird von Kritikern als zu eindimensional und wenig kindgerecht angesehen. Hierbei wird auf die Parallelen zu der → **lernzielorientierten Didaktik** verwiesen (genauer etwa Moegling 2010).

Gleichwohl hat die Kompetenzorientierung, ausgehend von Defiziten im deutschen Bildungssystem, wichtige Neuausrichtungen und Impulse formuliert. Insbesondere neuen Lehrplänen, die weniger Inhalte, sondern mehr Kompetenzen formulieren, fiel dabei eine große Steuerungsfunktion zu. Des Weiteren wurden zentrale Abschlussprüfungen eingeführt, welche den Druck auf Lehrpersonen erhöhten, bestimmte Kompetenzen mit ihren Lernenden konsequent auszubilden. Betrachtet man die Lehrplanentwicklung, so muss allerdings konstatiert werden, dass der radikale Paradigmenwechsel etwas zurückgenommen wurde und aktuelle Lehrpläne auch wieder Inhaltsaspekte enthalten.

Ob die grundsätzlichen Hinweise zu einem kompetenzorientierten Unterricht ausreichen, um eine eigene Didaktik zu entwickeln, wie Tschekan (2011) es versucht, bleibt fraglich, ist aber aus meiner Sicht auch unerheblich. Es bleiben in jedem Fall zahlreiche Hinweise zur Planung und Gestaltung von Unterricht. In Anlehnung an Fendt und Meyer (2010), KMK (2010), Lersch (2007) und

Schmoll (2019) möchte ich folgende didaktische Aspekte einer kompetenzorientierten Didaktik zusammenfassen. In einem kompetenzorientierten Unterricht:

- stehen die formulierten Lernziele und Lernergebnisse im Mittelpunkt der Planung, Durchführung und Auswertung des Unterrichts. Für die Lehrkräfte bieten Operatoren bei der Formulierung angestrebter Lernziele eine wichtige Orientierung;
- erwerben die Lernenden vor allem anwendbares Wissen, welches in sinnstiftenden Lernprozessen mit deutlichem Lebensweltbezug, handlungsorientiert und kognitiv herausfordernd gelehrt wird;
- orientiert sich die Lehrkraft, wenn möglich, an gestuften Kompetenzmodellen, mit deren Hilfe passende Lernangebote und sinnstiftende Aufgaben vor dem Hintergrund der individuellen kognitiven Voraussetzung und des Vorwissens der Schüler:innen erstellt werden;
- wird regelmäßig geprüft, ob formulierte Kompetenzen erworben worden sind, um ein gesichertes Verständnis der Inhalte herzustellen;
- können Kompetenzraster eine wichtige und transparente Steuerungsfunktion übernehmen;
- bildet die Lehrkraft Fähigkeiten zum selbstregulierten Lernen und soziale Kompetenzen bei den Lernenden aus. Im Idealfall entwickeln alle Schüler:innen eine positive Einstellung zu Lerninhalten und erleben häufig Selbstwirksamkeit.

Die Kompetenzorientierung hat in ihrer Brisanz in der öffentlichen Wahrnehmung deutlich abgenommen. Auch der wissenschaftliche Diskurs hat sich verlagert. Das liegt sicherlich auch daran, dass bestimmte Veränderungen vorgenommen wurden. Gleichwohl wird insbesondere auf der Ebene der Kultusministerkonferenz weiter an Kompetenzmodellen gearbeitet, die vielleicht irgendwann für alle Bundesländer gelten. In jedem Fall hat die Kompetenzorientierung respektive eine kompetenzorientierte Didaktik deutliche Veränderungen herbeigeführt und Hinweise für den Unterricht erarbeitet, die noch als hochrelevant angesehen werden müssen.

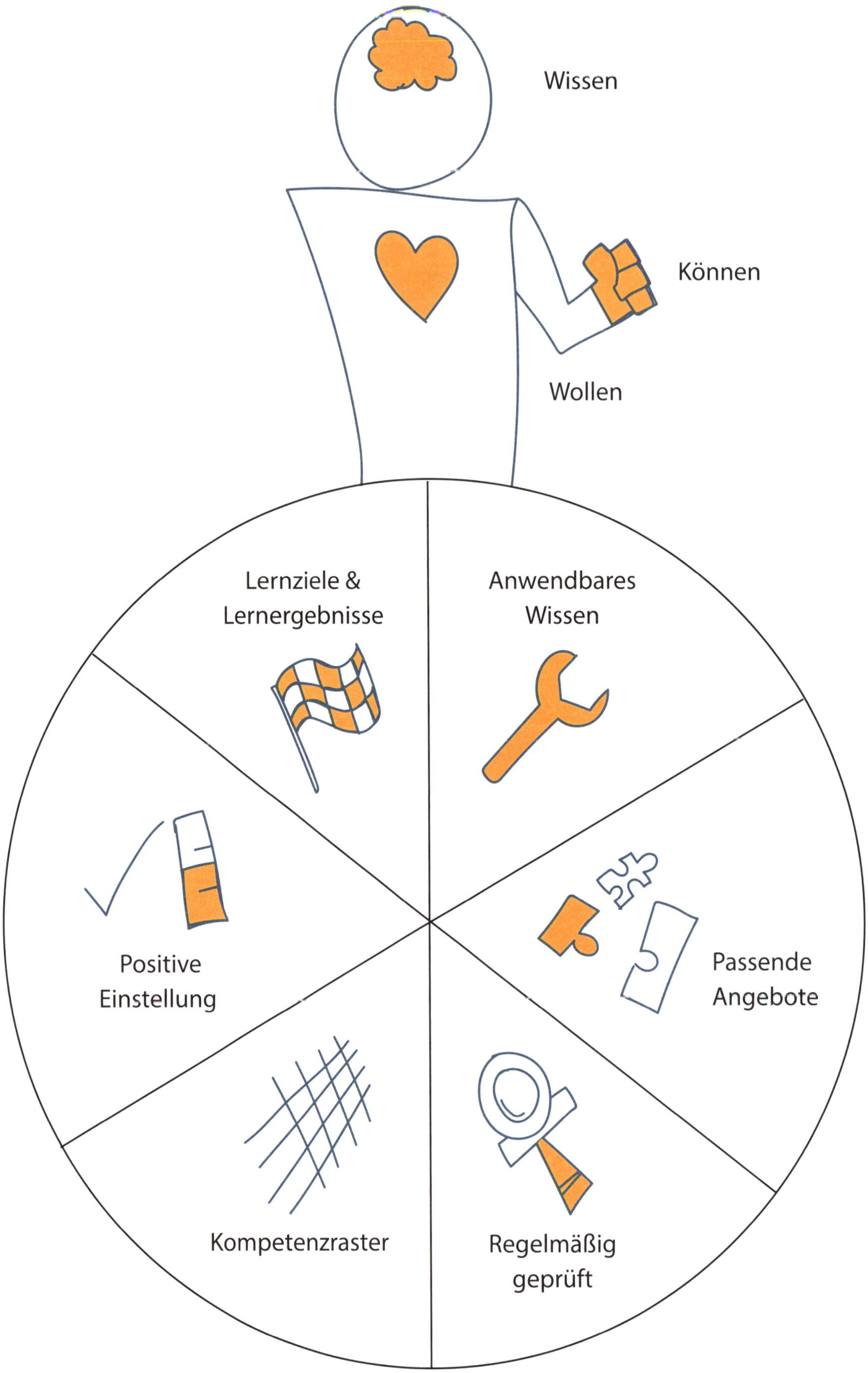
Wissen
Können
Wollen
Lernziele &
Lernergebnisse
Anwendbares
Wissen
Positive
Einstellung
Passende
Angebote
Kompetenzraster
Regelmäßig
geprüft

Inklusive Didaktik

Am 26. März 2009 wurde von den Vereinten Nationen die Behindertenrechtskonvention ratifiziert. Das dort verabschiedete Leitbild einer *inklusiven Gesellschaft* hatte und hat Auswirkungen auf alle Bereiche des öffentlichen Lebens. *Inklusion* bezeichnet dabei einen Zustand der selbstverständlichen Zugehörigkeit aller Menschen zur Gesellschaft. Das heißt: Menschen mit Behinderungen müssen sich nicht mehr integrieren und an die Umwelt anpassen, sondern diese ist von vornherein so auszustatten, dass alle Menschen gleichberechtigt leben können – egal, wie unterschiedlich sie sind.

Das Ideal der Inklusion ist, dass die Unterscheidung »behindert/nicht-behindert« keine Relevanz besitzt. Der Begriff »Inklusion« (lat.: Enthaltensein) entstand erstmals in den 1970er Jahren in den USA, als Mitglieder der Behindertenbewegung eine volle gesellschaftliche Teilhabe einforderten. 1994 wurde die sogenannte Salamanca-Erklärung verabschiedet. Vertreter von Nichtregierungsorganisationen und von rund 90 Staaten formulierten als gemeinsames Ziel: »Eine Schule für alle«. Ausgehend von diesem Postulat entwickelt Reich eine »inklusive Didaktik« (Reich 2014). Allerdings ist diese Didaktik allenfalls mittelbar bezogen auf unterrichtliche Lehr- und Lernprozesse. Viel eher ist sie ein Leitfaden für Schulentwicklungsprozesse. Somit ist es eigentlich irreführend, hier von einer Didaktik zu sprechen. Reich sieht zehn Bausteine einer inklusiven Didaktik (Reich 2014, S. 59 ff.).

- *Beziehung und Teams*: Hier ist eine Beziehungskultur gemeint, die von gegenseitigem Respekt aller Akteure im schulischen Leben geprägt ist. Lehrende arbeiten dabei grundsätzlich in multiprofessionellen Teams.
- *Demokratische und chancengerechte Schule*: Hier geht es um Beteiligung an der Schulentwicklung aller Akteure.
- *Qualifizierende Schule*: Hier liegt der Schwerpunkt auf den Zielen, allen Lernenden einer Schule einen Abschluss zu ermöglichen.
- *Ganztag mit Rhythmisierung*: Hier sind verlässliche, abwechslungsreiche Strukturen gemeint, die Raum bieten für vier unterschiedliche Lernsettings, die in besonderer Weise individualisiertes Lernen ermöglichen (Lernwerkbüro, Projekt-, Werkstatt- und Instruktionsunterricht).
- *Förderliche Lernumgebung*: Hier ist vor allem ein handlungsorientierter Unterricht gemeint, der auf einer guten Basis möglichst individualisiertes Lernen ermöglicht. Darin findet zeitnahes → **Feedback** statt und das soziale Lernen spielt eine große Rolle.
- *Lernende mit Förderbedarf*: Hier ist eine echte Inklusion gemeint, d. h. alle Kinder sind im Unterricht eingebunden, eine Exklusion ist grundsätzlich abzulehnen.
- *Differenzierte Beurteilung*: Hier sind Aspekte einer individualisierten und, je nach angestrebtem Lernziel, kriteriumsorientierten Leistungsbeurteilung angesprochen. Die soziale Bezugsnorm sollte keine Rolle mehr spielen. Zielvereinbarungen und Fördergespräche sind obligatorisch.
- *Schularchitektur*: Hier sind multifunktionale und barrierefreie Räume gemeint, die auch den Anforderungen des Ganztags entsprechen.
- *Schule als Lebenswelt*: Hier ist in besonderer Weise ein Lebensweltbezug durch Projektunterricht angestrebt, der durch vielfältige Kooperationen gestützt wird.
- *Beratung, Supervision und Evaluation*: Hier sind kollegiale Beratungen und umfassende Fortbildungen gemeint.

Es wird deutlich, dass sich nur wenige dieser Punkte direkt auf Unterrichtsprozesse beziehen. Darüber hinaus sind einige Aspekte bei weitem nicht innovativ. Es muss allerdings angemerkt werden, dass »Inklusion im engeren Sinne« heute als Planungsgrundlage nicht mehr ausreichend ist. Der Begriff wurde mittlerweile von dem Begriff der »Diversity« bzw. »Vielfalt« abgelöst.

Trotz meiner Kritik an Reich, die sich vor allem auf den irreführenden Namen bezieht, ist sein Vorstoß verdienstvoll. Denn inklusive Didaktik hat die Hervorhebung der Heterogenität in den Schulklassen gestärkt. Ohne differenzierte Lernsettings (→ **Differenzierung**) ist Unterricht kaum noch erfolgreich zu realisieren. Die Individualisierung der Lernprozesse ist dabei das höchste Ziel, auch wenn das in der Praxis vielfach an den Rahmenbedingungen scheitert.

Schule für alle
Beratung, Supervision und Evaluation
Schule als Lebenswelt
Schularchitektur
Schule
Differenzierte Beurteilung
Lernende mit Förderbedarf
Förderliche Lernumgebung
Ganztag mit Rhythmisierung
Qualifizierte Schule
Demokratisch und chancengerecht
Beziehung und Teams

Neurodidaktik

»Neurodidaktik« ist ein schillernder Begriff, mit dem viele Hoffnungen verbunden waren oder immer noch sind. Der Begriff wurde in den 1980er Jahren vor allem von Gerhard Preis geprägt, einem Mathematiker und Fachdidaktiker. In den 1990ern wurden die Erkenntnisse zunehmend auf den Bildungsbereich übertragen (genauer Friedrich 1995; Friedrich & Preiß 2003). Im Zentrum der Betrachtung stehen, vereinfacht ausgedrückt, Begründungsansätze von Lehr- und Lernprozessen, die sich auf Erkenntnisse der Gehirnforschung stützen. Mittlerweile gibt es eine Vielzahl von Autoren, die sich mit solchen Fragen beschäftigen (z. B. Spitzer 2006; Roth 2003; Hüther 2016 oder eher kritisch Göppel 2014).

Deutlich konnte die Hirnforschung etwa nachweisen, dass alles, was für ein Individuum sinnhaft ist, besonders gut behalten wird. Allerdings ist Sinngebung ein subjektiver, emotionaler Wahrnehmungsprozess. Daher ist es wichtig, im Unterricht die Kinder und Jugendlichen an solchen Sinnkonstruktionen zu beteiligen. Somit sind gute → **Aufgaben** ein entscheidendes Merkmal erfolgreicher Lernprozesse: Insgesamt sind fünf Gestaltungshinweise zu beachten.

- Vorkenntnisse und Erfahrungen sollen aktiviert werden.
- Bekannte Zusammenhänge sollen erinnert werden.
- Der »Neuigkeitswert« des Lerngegenstandes soll bewusst gemacht werden.
- Lernende sollen eigene Ziele für ihre Lernarbeit aufstellen.
- Die lebensweltliche Bedeutung des Unterrichtsgegenstandes soll verdeutlicht werden.

Bezogen auf die Erarbeitung ist es von Vorteil, wenn mehrere neuronale Verarbeitungszentren genutzt werden. Daher ist es für den Unterricht sinnvoll, dass:

- Fakten durch Geschichten, Bilder und Bezüge zu anderen Lebenssituationen illustriert und so in unterschiedliche Kontexte eingebunden werden;
- die Lernenden animiert werden, eigene bildliche Vorstellungen und Unterrichtsergebnisse zu entwickeln (z. B. Mind Maps oder Concept Maps, Strukturskizzen);
- unterschiedliche Lebens- und Alltagssituationen hergestellt oder er- bzw. gefunden werden, in denen die Unterrichtsergebnisse eine Rolle spielen (könnten);
- emotionale Beurteilungen des Lernprozesses artikuliert und berücksichtigt werden.

Diese Forderungen lassen sich am ehesten in einem handlungsorientierten und projektartigen Unterricht erreichen. Insgesamt sind aber die einstigen Hoffnungen auf die Neurodidaktik auf einigen Ebenen zu hoch gewesen. So stellt Herrmann (2020, S. 14) heraus, dass die Neurowissenschaften in der Regel bisher nur feststellen können, ob vorhandene Praxis sich aus Sicht der Neurowissenschaft gut begründen lässt. Herrmann fordert daher, dass (Schul-)Pädagog:innen und Didaktiker:innen Fragen an die Neurowissenschaftler:innen stellen müssen, um zu neuen Erkenntnissen zu gelangen. Ob dies allerdings konsequent und nachhaltig passiert, ist zumindest fraglich. Zumal die Komplexität schulischer Lernprozesse in Gänze forschungsmethodisch nur schwer zu erfassen ist.

Daher besteht heute die Leistung der Neurodidaktik vor allem darin, die Bestätigung bestimmter didaktischer Ansichten geliefert zu haben (z. B. die hohe Bedeutung einer angst- und stressfreien Atmosphäre oder die → **kognitive Aktivierung** für erfolgreiche Lernprozesse). Das ist zwar weniger als erhofft, aber gleichwohl ein wichtiger Beitrag für die Entwicklung der Didaktik als evidenzbasierte Wissenschaft. Die Frage, ob angesichts dieser Leistungen die Neurodidaktik heute schon als eine eigenständige Didaktik gelten kann, muss an dieser Stelle offenbleiben. Allerdings bin ich der festen Überzeugung, dass die Didaktik in Zukunft nicht auf Erkenntnisse der Neurowissenschaften verzichten kann.

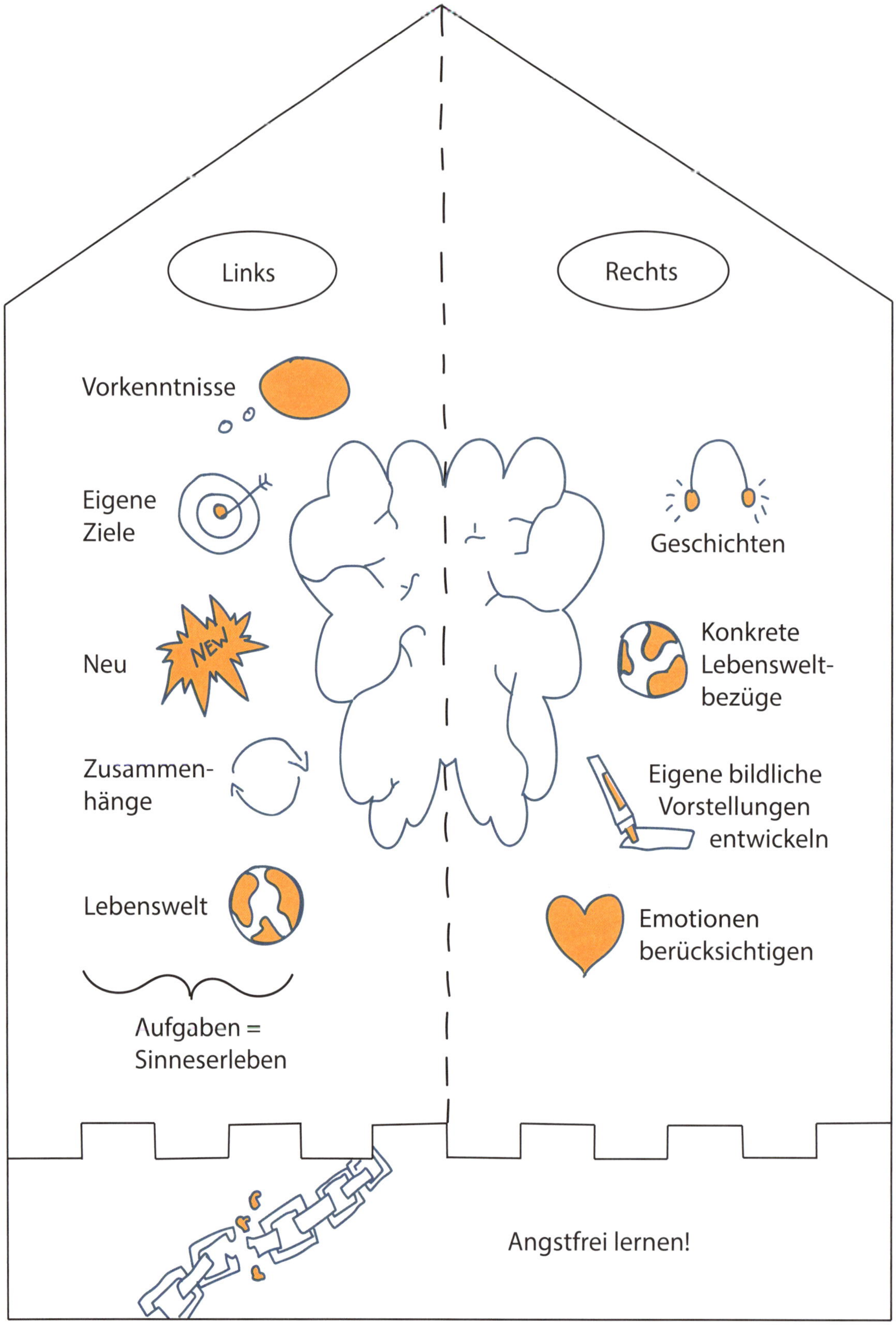
Links
Rechts
Vorkenntnisse
Eigene Ziele
NEW
Neu
Zusammenhänge
Lebenswelt
Aufgaben = Sinneserleben
Geschichten
Konkrete Lebensweltbezüge
Eigene bildliche Vorstellungen entwickeln
Emotionen berücksichtigen
Angstfrei lernen!

Agile Didaktik

Die agile Didaktik ist wahrscheinlich der modernste didaktische Ansatz, zu dem in letzter Zeit sehr viele Veröffentlichungen, vor allem Online-Beiträge, zu verzeichnen sind. Ob sich daraus in den nächsten Jahren eine eigene Didaktik etabliert, lässt sich zurzeit noch nicht sagen. Insgesamt stellt sich die agile Didaktik gern als eine Art moderner Gegenentwurf zu traditionellen Ansätzen dar. Der Begriff »agil« existiert in der Organisationslehre schon mehrere Jahrzehnte. Der Begriff stammt aus dem lateinischen und bedeutet so viel wie: »leicht zu führen«, »beweglich« oder »geschäftig«. In der Wissenschaft taucht der Begriff »Agilität« erstmals in den 1950er Jahren im Umfeld der Sozialwissenschaften auf (Parsons, Bales & Shils 1953). Die Wissenschaftler erstellten das sogenannte AGIL-Schema. Danach hat jedes System vier Aufgaben, die es zu erfüllen gilt.

- *Adaption:* die Fähigkeit, auf veränderte äußere Bedingungen zu reagieren.
- *Goal Attainment:* die Fähigkeit, Ziele zu setzen und durchzusetzen.
- *Integration:* die Fähigkeit, Zusammenhalt herzustellen und abzusichern.
- *Latency:* die Fähigkeit, eine Übereinstimmung der individuellen und systembezogenen Werte und Normen abzusichern.

Diese vier Aufgaben wurden auf die Schule übertragen und etwas hochtrabend als »agiles Manifest« im Schulkontext bezeichnet. Danach gelten folgende zentrale Regeln.

- Das Zielprodukt ist immer wichtiger als umfassende Dokumentationen des Lernprozesses.
- Die Interaktionen der Lernenden sind immer wichtiger als geplante Prozesse und Werkzeuge.
- Die Zusammenarbeit mit der Lehrkraft ist grundlegend.
- Das Reagieren auf Veränderung ist wichtiger als das Festhalten an einem Plan.

In diesen Regeln wird sehr deutlich, dass eine agile Didaktik die Projektarbeit in den Mittelpunkt schulischen Lernens stellt, da von einem Zielprodukt und umfassender Dokumentation die Rede ist. Damit folgt dieser didaktische Ansatz in besonderer Weise den Forderungen einer Ausrichtung auf die *21. Century Skills*. Diese Ausrichtung stellt speziell für das → **Lernen und Lehren im Zeitalter der Digitalität** in besonderer Weise sechs Kompetenzbereiche in das Zentrum didaktischer Überlegungen.

- Communication
- Collaboration
- Creativity
- Critical thinking
- Citizenship
- Character

Dass schulisches Lernen gleichwohl nicht ausschließlich aus Projekten bestehen kann, macht eine erste zentrale Kritiklinie deutlich.

Die zentrale Methode der agilen Didaktik bedient folgerichtig vor allem die Projektarbeit. Auch sie hat einen etwas gewöhnungsbedürftigen Namen: »Scrum«. Der Begriff stammt aus dem Englischen und bedeutet so viel wie »Gedränge«. Dies soll vor allem die enge Zusammenarbeit im Team und darüber hinaus das konzentrierte Arbeiten in Phasen verbildlichen. Der Begriff geht ursprünglich auf zwei japanische Wissenschaftler zurück. Deren Überlegungen wurden von den beiden Softwarentwicklern Jeff Sutherland und Ken Schwaber aufgegriffen und weiterentwickelt. Scrum soll Gruppen von Lernenden dabei helfen, komplexe Projekte erfolgreich zu bewältigen. Dazu bedarf es einer Haltung, die sich von dem mehr oder weniger traditionellen Unterrichtsskript löst. Formuliert werden dazu fünf sogenannte Scrum-Werte (Mittelbach 2023, S. 27).

- Offenheit
- Mut
- Fokus
- Respekt
- Engagement

Vereinfacht dargestellt wird beim Ablauf eines Projekts nach der Scrum-Methode zu Beginn das Ziel oder das Lernprodukt vorgestellt oder gemeinsam festgelegt. Anschließend wird eine Liste von Aufgaben und Funktionen der einzelnen Mitglieder erstellt. Anschließend werden Teams gebildet, die eine klare Aufgabenverteilung enthalten (Scrum-Team). Nach einer genauen Arbeitsplanung (Sprint-Planning) erfolgt die eigentliche Arbeit (Sprint) und die Abgabe des Lernprodukts (genauer etwa Kesting 2022).

Grundsätzlich ist die agile Didaktik eine neue Art, Schule und Unterricht zu denken. Die Vorteile können sich dabei nur entfalten, wenn angefangen von der Schulleitung viele schulische Akteure die schulische Arbeit nach den Prinzipien ausrichten (vertiefend Förtsch & Stöffler 2020). Somit zeichnet die agile Didaktik einen ersten Versuch einer Didaktik der Schule der Zukunft. Gleichwohl dürften in den nächsten Jahren mit Ausnahme einzelner Versuchsschulen in den überwiegenden Schulen allenfalls punktuell agile Ansätze erkennbar sein. Zumal die agile Didaktik meiner Ansicht nach zu einseitig Projektlernen fokussiert. Hier müsste der Blick bei Weiterentwicklungen geweitet werden.

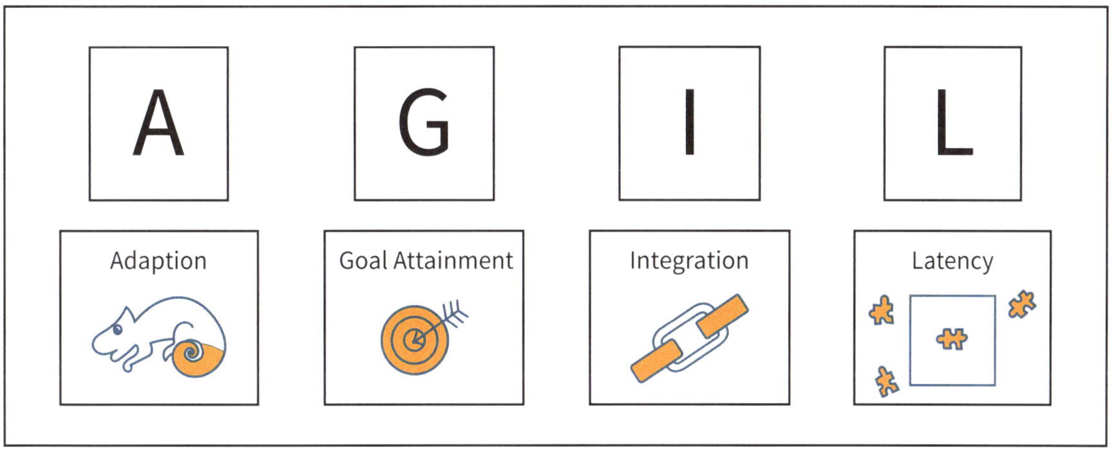
A
G
I
L
Adaption
Goal Attainment
Integration
Latency

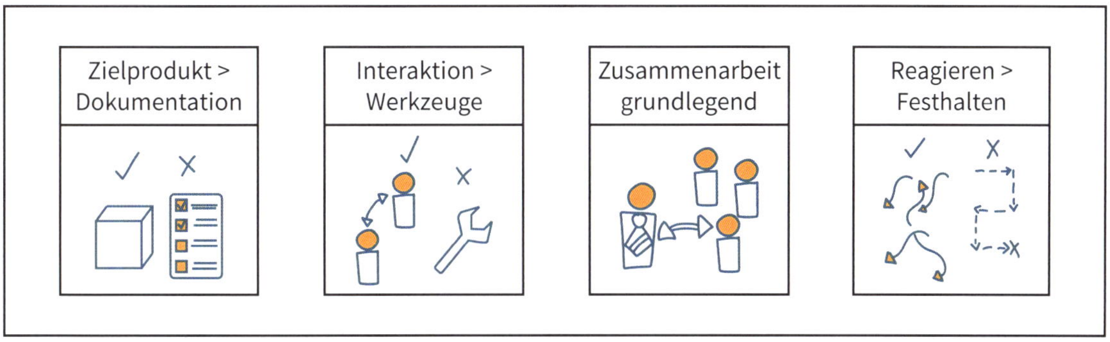
Zielprodukt > Dokumentation
Interaktion > Werkzeuge
Zusammenarbeit grundlegend
Reagieren > Festhalten

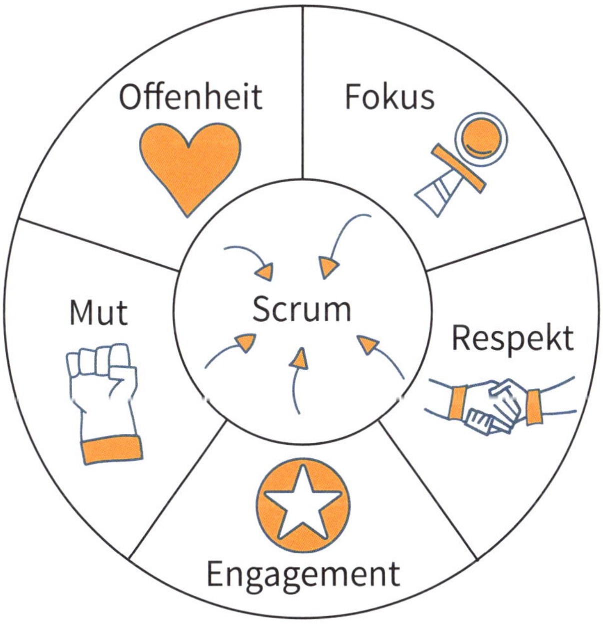
Offenheit
Fokus
Mut
Scrum
Respekt
Engagement

Pragmatische Didaktik

Neben den etablierten Didaktiken möchte ich in diesem kleinen Bändchen mit der pragmatischen Didaktik eine aus dem Schulalltag entwickelte, sehr einfache Didaktik vorstellen. Der Ansatz beruht auf der Annahme, dass die vermeintlich großen Didaktiken im schulischen Alltag nur eine geringe oder gar keine Rolle mehr bei der Planung spielen. Diese Bedeutungslosigkeit ist vor allem auf den Zeitmangel einer Lehrkraft zurückzuführen. Immer mehr Aufgaben und verdichtete Arbeitsabläufe verhindern in der Regel umfassende Planungstätigkeiten. Dies soll gleichwohl den Wert der großen Didaktiken nicht schmälern. Ich bin der festen Überzeugung, dass diese insbesondere für Anfänger:innen in der Ausbildung eine wichtige Grundlage darstellen, um die Komplexität der Planung von Unterricht wahrzunehmen und darauf aufbauend eigene Planungsstrategien zu entwickeln. Für den harten Unterrichtsalltag möchte ich gleichwohl kontrastierend und durchaus etwas humoristisch drei Didaktiken unterscheiden, die vor allem die fehlende Zeit im Alltag zum Ausdruck bringen.

- *Autodidaktik*: Hier plant die Lehrkraft den Unterricht im Kopf, während sie mit dem Auto zur Schule fährt. Eventuell natürlich auch in Bus und Bahn.
- *Schwellendidaktik*: Hier überlegt die Lehrkraft sich den Ablauf der Stunde in dem Moment, in dem die Schwelle zum Klassenraum überschritten wird.
- *Hammerdidaktik*: Hier beginnt der Unterricht mit der Frage: »Was *hammer* [haben wir] in der letzten Stunde gemacht?« Die Lehrkraft plant im Kopf, während die Lernenden die Inhalte und Ergebnisse der letzten Stunde zusammenfassen.

Ein solches Vorgehen wirkt vielleicht unprofessionell, allerdings glaube ich, dass mit zunehmender Routine nicht wenige Stunden auf der Grundlage einer der drei Alltagsdidaktiken geplant werden. Eine solche Planung ist auch möglich, da im Kopf jeder Lehrkraft bereits mehr oder weniger elaborierte Planungskonzepte vorhanden sind.

Es bedarf nach meiner festen Überzeugung einfachere Antworten auf die Grundfragen der Didaktik. Im Zentrum der hier vorgestellten pragmatischen Didaktik steht daher für mich in besonderer Weise der Lernzuwachs möglichst aller Lernenden. Jede Lehrkraft sollte im Vorfeld der Stunde die folgende Frage klären: »Was sollen die Schüler:innen am Ende der Stunde gelernt haben und woran sollen sie und ich als Lehrkraft das erkennen können?«

Hier erkennt man schnell die Nähe zur → **kompetenzorientierten Didaktik** mit der Forderung nach einer deutlichen Performanzsituation. Die Fokussierung auf einen Lernzuwachs für möglichst viele Lernende enthält auch die Bedingung, die Vorkenntnisse der Lernenden zu beachten. Darüber hinaus müssen Differenzierungsmaßnahmen mitgedacht werden, da bei einer Unter- oder Überforderung kaum Lernzuwächse erzielt werden können.

Neben der konsequenten Ausrichtung auf die zu erreichenden Lernziele sind fachübergreifende und fachspezifische Aspekte zu ergänzen. Ich möchte dies im Folgenden am Beispiel einer pragmatischen Didaktik für den Fremdsprachenunterricht konkretisieren.

- **S**prachumsatz
- **E**insprachigkeit
- **L**ernzuwachs
- **F**ehlerkontrolle
- **K**ulturelle Kompetenz
- **I**nteraktion

In einer solchen *SELFKI-Didaktik* richtet die Lehrkraft ihren Fremdsprachenunterricht stets konsequent auf diese Aspekte aus. Das bedeutet, dass es von zentraler Bedeutung ist, dass die Lernenden möglichst viele Gelegenheiten bekommen, in der Fremdsprache zu kommunizieren. Eine durchgehende Einsprachigkeit wird angestrebt, die in Anfänger:innenlerngruppen gleichwohl nicht vollständig zu realisieren sein wird. Die Fehlerkontrolle erfolgt wertschätzend entweder individuell oder, wenn nötig, global für die gesamte Lerngruppe. Die besondere Bedeutung des Lernzuwachses wurde bereits dargestellt. Die Ausbildung einer kulturellen Kompetenz wird in allen Fremdsprachen als wichtige fachspezifische Kompetenz in Lehrplänen formuliert und sollte möglichst oft in der Unterrichtsplanung und Durchführung eine Rolle spielen. Im Bereich der Interaktion achtet die Lehrkraft auf ein gutes → **Klassenklima**, denn ohne eine lernförderliche Atmosphäre laufen nahezu alle Lernbemühungen ins Leere. Der Begriff der Interaktion deckt hier auch die Interaktion zwischen der Lehrkraft und den Lernenden. Fragen nach geeignetem → **Feedback** oder Unterstützungsmöglichkeiten sind dabei zu klären.

In einer pragmatischen Didaktik plädiere ich dafür, dass sich jede Lehrkraft gern in einer solchen Akronym-Form ihre eigene Didaktik und ihr eigenes Verständnis von gutem Fachunterricht offenlegt und ihr Handeln danach ausrichtet. Dazu noch ein Beispiel.

- **R**aumbezug
- **A**tmosphäre
- **L**ernzuwachs
- **F**achlichkeit
- **I**ndividuelle Förderung

Dieses Beispiel einer *RALFI-Didaktik* für den Geographieunterricht enthält (natürlich) wieder den Lernzuwachs als zentrales didaktisches Moment der Planung. Des Weiteren muss der Lernzuwachs einem besonderen und stufengemäßen fachlichen Anspruch genügen und der Unterricht sich auf einen konkreten Raum beziehen. Der Begriff der Atmosphäre verweist, wie im ersten Beispiel der Begriff der Interaktion, auf die Bedeutung des → **Klassenklimas**. Individuelle Unterstützungsmöglichkeiten mit konkreten Differenzierungsmaßnahmen sind im Aspekt der individuellen Förderung enthalten. Ein letztes Beispiel für eine pragmatische Didaktik für den Sportunterricht könnte wie folgt aussehen.

- **B**ewegungszeit
- **L**ernzuwachs
- **I**nteraktion
- **K**lima
- **S**icherheit

In dieser *BLIKS-Didaktik* für den Sportunterricht werden wieder die didaktischen Momente einer Unterrichtsplanung deutlich. Mit einer möglichst hohen Bewegungszeit und der Einhaltung von zentralen Sicherheitsmerkmalen sind darüber hinaus die besonderen Aspekte des Fachs berücksichtigt.

Die hier vorgestellte pragmatische Didaktik sieht sich an der Schnittstelle von didaktischen Aspekten und fachbezogenen Grundlagen eines guten Unterrichts. Sie sollte höchst individuell angewendet werden und möchte ein Basiskonzept für Unterrichtsplanung liefern.

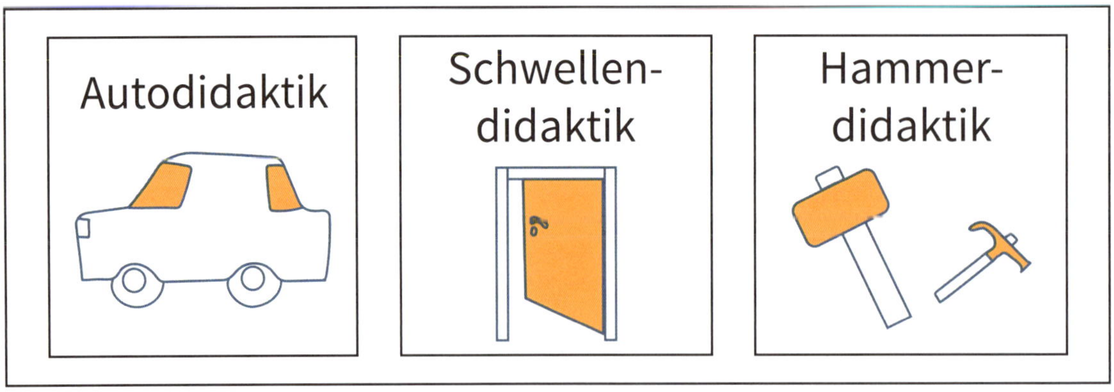
Autodidaktik
Schwellen-didaktik
Hammer-didaktik

S.E.L.F.K.I.
Sprach-umsatz
Ein-sprachigkeit
Lern-zuwachs
Fehler-kontrolle
Kulturelle Kompetenz
Interaktion

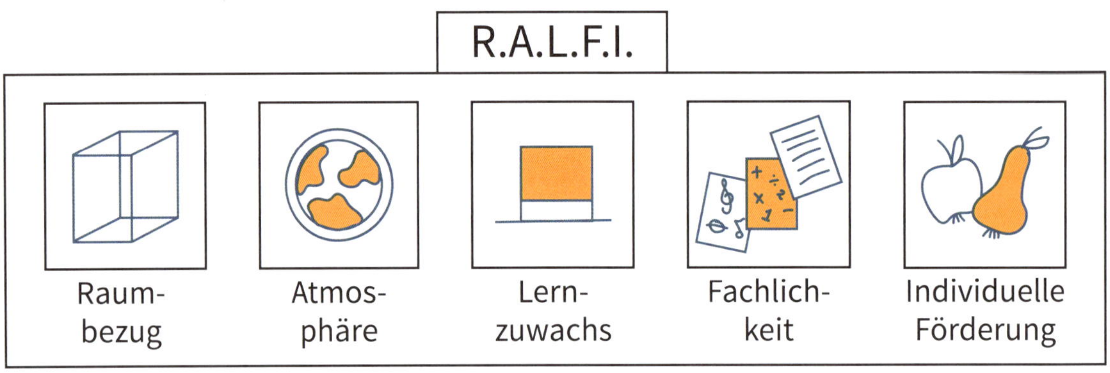
R.A.L.F.I.
Raum-bezug
Atmos-phäre
Lern-zuwachs
Fachlich-keit
Individuelle Förderung

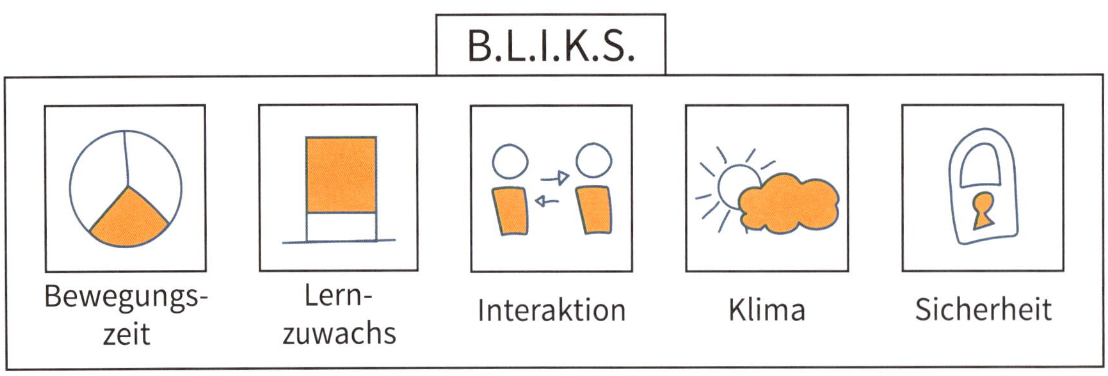
B.L.I.K.S.
Bewegungs-zeit
Lern-zuwachs
Interaktion
Klima
Sicherheit

Didaktische Grundbegriffe | 3

In diesem Teil des Buchs verlassen wir die vermeintlich großen didaktischen Theoriegebäude und wenden uns einzelnen Begriffen zu, die für das Lehren und Lernen eine wichtige Rolle spielen. Die Auswahl der Begriffe ist zwar subjektiv geprägt, gleichwohl sind die zentralen Grundbegriffe aufgeführt. Die Grundbegriffe beziehen sich auf einen konkreten Bereich des Berufs einer Lehrkraft.

Einige betreffen konkret die Planungstätigkeiten, wie etwa die → **Bedingungsanalyse** oder die → **didaktische Reduktion**, andere eher die Unterrichtsdurchführung, wie etwa → **Einstieg**, → **Sicherung** oder → **Regeln und Rituale**. Darüber hinaus gibt es Stichworte, die versuchen Antworten auf eher allgemeine Fragen des Unterrichtssettings zu geben, wie etwa das → **Lernen und Lehren im Zeitalter der Digitalität** oder → **Zeitmanagement**.

Die Reihenfolge ist alphabetisch geordnet. Suchen Sie sich den Grundbegriff heraus, über den Sie ihr Wissen auffrischen wollen. Die Sketchnotes sollten den Zugriff und die Integration in das berufliche Alltagshandeln erleichtern.

Artikulation

»Artikulation« ist ein zentraler Begriff der Planung unterrichtlicher Lehr- und Lernprozesse. Abgeleitet vom Lateinischen *articulatio* kann darunter die Gliederung des Lern- und Unterrichtsprozesses verstanden werden. Artikulation ist daher viel mehr als die bloße *Phasierung* des Unterrichts, die jeden Lernprozess in drei Phasen unterteilt.

- *Einstieg* (→) = Die Lernbereitschaft wird geschaffen.
- *Erarbeitung* = Die Lernenden beschäftigten sich mit dem Lerngegenstand und erlangen Kompetenzzuwächse.
- *Sicherung* (→) = Die Kompetenzzuwächse werden für weitere Lernschritte gesichert.

Artikulation ist dagegen differenzierter. Darin werden die einzelnen Lernschritte dargelegt respektive *artikuliert*. Es erfolgt demnach eine Zusammenführung aller Entscheidungen zum Ziel, zum Inhalt, zur Methode und zur Interaktion im Unterrichtsprozess. Darüber hinaus wird in der Artikulation die zeitliche Dimension ergänzt. Der Ursprung des Begriffs geht zurück auf Johann Friedrich Herbart (1806). Herbart entwickelte sogenannte *Formalstufen des Unterrichts*:

- *Phase der Vertiefung*
  - Es wird eine *Klarheit* über das Vorwissen geschaffen.
  - Es erfolgt die Aufnahme neuer Kompetenz- und Wissenselemente (= *Assoziation*).
- *Phase der Besinnung*
  - Das Gelernte wird in vorhandene *Systeme* übertragen.
  - Das Gelernte wird vertieft und dadurch auch als *Methode* eingeübt.

Die Verwendung eines solchen *Artikulationsschemas* wurde insbesondere im Zuge der Reformpädagogik kritisiert, da in solchen formalen Schemata die → **Schüler:innenorientierung** keinen Raum besäße. Gleichwohl erlebten *Artikulationsschemata* im Sinne Herbarts in späteren Jahren eine Art Renaissance. So integrierte etwa die → **lehrtheoretische Didaktik** die Artikulation in ihr didaktisches Modell (Peterßen 2000, S. 85 f.). Das bekannteste Schema entwickelte Heinrich Roth. Seinem Ansatz nach bestehen Lernprozesse aus sechs Lernstufen (Roth 1963, S. 208 ff.).

- *Stufe der Motivation*: Es kommt eine erste Handlung zustande, der Lernprozess wird angestoßen und es entsteht im Idealfall ein Lernwunsch.
- *Stufe der Schwierigkeiten*: Es kommt zu Problemen bei der erteilten Aufgabe oder bei der Übernahme der Lösung in vorhandene Wissensmuster. Zuweilen werden diese Schwierigkeiten nur von der Lehrkraft bemerkt.
- *Stufe der Lösung*: Es erfolgt die Überwindung der Schwierigkeiten durch Veränderung der Aufgabe oder durch erneute Versuche. Darüber hinaus gelingt die Übernahme in vorhandene Wissensmuster immer mehr.
- *Stufe des Tuns und des Ausführens*: Es erfolgt eine aktive Ausführung des Lösungswegs und eine Anwendung des Gelernten auf andere Beispiele.
- *Stufe des Behaltens und Einübens*: Es erfolgt die Übertragung auf die Lebenswelt. Dies erfolgt durch das wiederholende Einüben und damit Automatisieren des Gelernten.
- *Stufe des Bereitstellens, der Übertragung und Integration*: Das Gelernte steht dauerhaft zur Anwendung zur Verfügung. Es ist Teil der Persönlichkeit des Lernenden geworden.

Neben Roth haben auch andere Autoren Stufenschemata entwickelt (z. B. Grell & Grell 1979 oder in neuerer Zeit Kiel 2008; Städeli, Grassi, Rhiner & Obrist 2010). Grundsätzlich bleibt die alte Kritik am Stufenschemata bis heute bestehen. So weisen Meyer und Junghans (2022) darauf hin, dass in der Nutzung solcher Schemata eine rabiate Vereinfachung der tatsächlichen Komplexität des Unterrichtsprozesses stattfindet (ebd., S. 164).

Fakt bleibt: Die Artikulation des Unterrichts ist auch heute noch mehr oder weniger Bestandteil der Lehrer:innenbildung. Es spricht aus meiner Sicht auch nichts gegen eine reflektierte Verwendung solcher Schemata, um Lernprozesse für Lehrkraft und Lernende gleichermaßen transparenter zu machen.

Schema nach Herbert

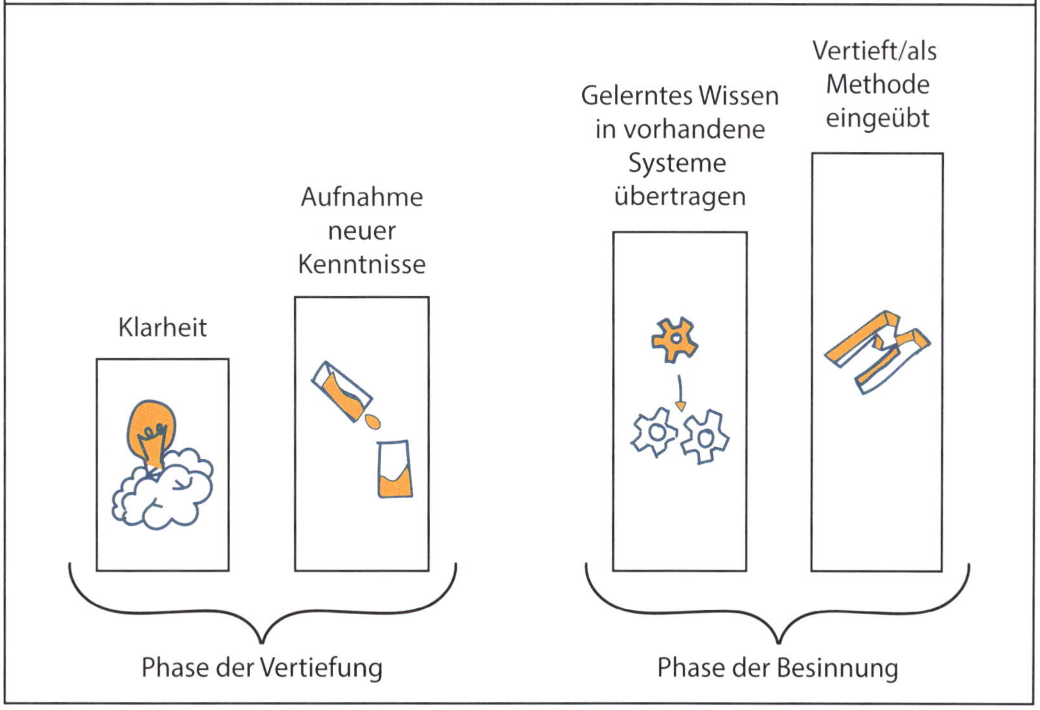

Schema nach Roth

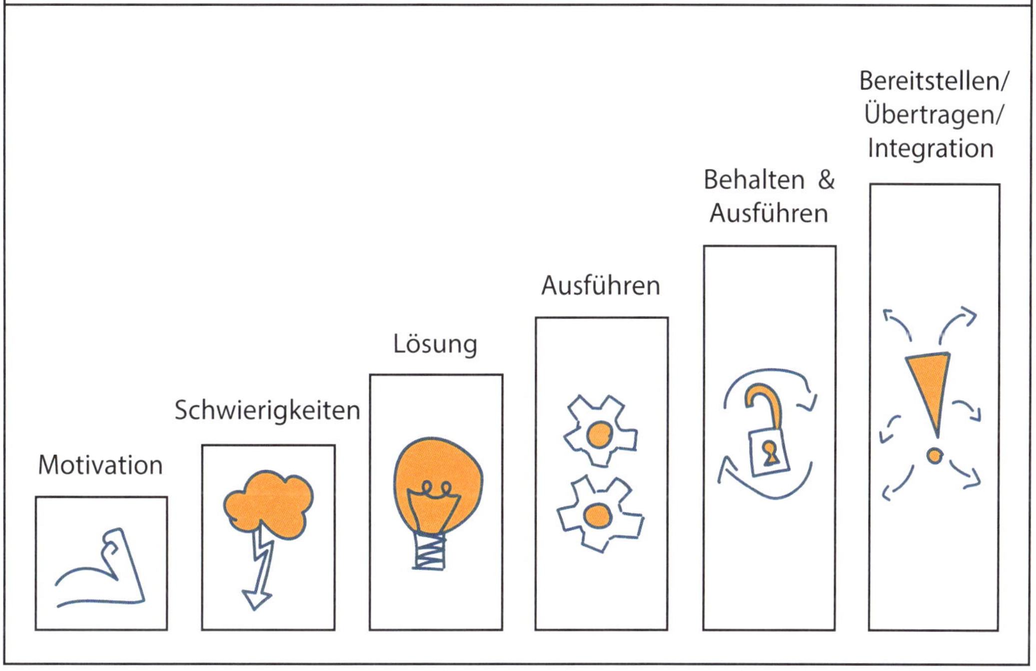

Aufgaben

Aufgaben sind der Treibstoff des Unterrichts. So lautet der Titel eines Einführungsartikels zum Thema »Aufgaben« (Maier 2016). Es ist ein gutes Argument für jede Lehrkraft, diesem Teil der Unterrichtsplanung besondere Aufmerksamkeit zu schenken. Zentral ist dabei, dass die Aufgabenstellung eine Passung zum Gegenstand und vor allem zum Lernziel aufweist und bei den Lernenden ankommt. Meyer (2010, S. 182) definiert eine Aufgabenstellung in der Schule folgendermaßen:

> »Die Aufgabenstellung beschreibt konkret, ziel- und inhaltsbezogen, welche Aufgabe(n) die Schülerinnen und Schüler im Unterricht lösen sollen«.

Für den Entwurf guter verständlicher Aufgabenstellungen sehen Mühlhausen und Wegner (2006, S. 133) die Beantwortung von sechs W-Fragen als bedeutsam an.

- *Was* soll bearbeitet werden? Insbesondere die Passung zum Lernziel und eine klare verständliche Formulierung sind hierbei zu gewährleisten. Eine ganz wichtige Größe bei der Formulierung ist der verwendete Verboperator. Soll ein Bild etwa *beschrieben* oder eine Statistik *erklärt* werden?
- Wer soll *mit wem* zusammenarbeiten? Hier ist die → **Sozialform** festzulegen, in der die Aufgabe bearbeitet werden soll.
- *Womit* soll die Aufgabe gelöst werden? Die Lehrkraft legt fest, welche Materialien zur Verfügung stehen, um die Aufgabe zu lösen. Außerdem ist zu klären, ob mögliche Hilfestellung genutzt werden dürfen.
- *Wie* soll das Ergebnis aussehen? Im Sinne einer → **kompetenzorientierten Didaktik** sollten in der Aufgabenstellung oder durch Zusatzinformationen alle Lernenden wissen, wie das Lernprodukt am Ende aussehen soll.
- *Wie lange* haben die Lernenden Zeit? Zu Beginn der Aufgabenbearbeitung ist die Zeit festzulegen, welche den Lernenden zur Verfügung steht. Im Unterrichtsalltag wird es allerdings häufig vorkommen, dass die anvisierte Zeit entweder zu großzügig oder zu knapp bemessen ist. Dann gilt es für die Lehrkraft im Sinne eines professionellen → **Zeitmanagements** nachzusteuern.
- *Wer* trägt vor? Diese Frage zielt auf die Art der Ergebnispräsentation. Im Sinne einer sinnvollen → **Sicherung** ist es wichtig, dass alle Lernenden die Gelegenheit haben, die richtige Aufgabenlösung zur Kenntnis zu nehmen und für sich zu sichern.

Aufgaben können unterschiedliche didaktische Funktionen besitzen und verschiedene Kompetenzbereiche ansteuern. Hier gilt es, diese bewusst zu planen und im Laufe einer Unterrichtseinheit verschiedene Bereiche abzudecken. Um die Ausrichtung der gestellten Aufgabe genauer zu prüfen, bietet Stäudel (2003, S. 17) eine Art Aufgabencheck mit acht möglichen Ausrichtungen.

- Rückmeldung zum Lernprozess
- Reproduktion
- Festigung
- Übersetzungsleistung
- Kreative Lösung
- Verknüpfung mit bereits Gelerntem
- Verbalisierung
- Modellierung

Alle diese Ausrichtungen haben ihre Berechtigungen und können gute Aufgaben sein. Das bedeutet natürlich nicht, dass Aufgaben alle diese Ausrichtungen erfüllen müssen. Nicht jede Aufgabe muss etwa verschiedene Lösungen haben oder eigenständige Suchaktionen erfordern. Es ist zwar wünschenswert, dass die Aufgabe an die Lebenswelt der Lernenden anknüpft oder einen kognitiven Konflikt auslöst. Dies ist im Unterrichtsalltag jedoch nicht immer möglich. Aber auch die Übersetzung eines Fremdsprachentextes kann eine sehr gute, passende und sinnvolle Aufgabe sein.

Im Alltag sollte die Lehrkraft gleichwohl auf bestimmte Basiskriterien achten.

- Nehmen Sie sich in der Vorbereitung Zeit für eine verständliche Aufgabenformulierung.
- Achten Sie bei der Aufgabenerteilung auf die volle Aufmerksamkeit der Klasse.
- Stellen Sie unbedingt sicher, dass (möglichst) alle die Aufgabe verstanden haben. Lassen Sie insbesondere bei jüngeren Lernenden wiederholen, was nun zu tun ist.
- Überlegen Sie, wie die Rolle der Lehrkraft während der Erarbeitung aussieht. Stehen mögliche Hilfen zur Verfügung oder steht die Lehrkraft die gesamte Zeit als Ansprechpartner:in bereit?
- Nehmen Sie sich Zeit für die Aufgabenbesprechung.
- Haben die Lernenden (umfassende) Produkte erstellt, so halten Sie sich bei der Präsentation einzelner Ergebnisse zunächst zurück. Fragen Sie immer, ob eine Verbesserung in einem Lernprodukt durch die Lehrkraft okay ist.
- Achten Sie auf wertschätzendes → **Feedback**.

In den nächsten Jahren wird die Nutzung digitaler Medien bei der Aufgabengestaltung an Bedeutung gewinnen. Es wird sich zeigen, ob erweiterte Möglichkeiten bei der Aufgabengestaltung tatsächlich genutzt werden, bei den Lernenden ankommen und Lernprozesse optimieren (genauer Sonnenburg 2023).

W-Fragen
Was?
A
B
C
Wer?
Mit wem?
Womit?
Wer trägt vor?
Wie soll
es aussehen?
Wie lange?

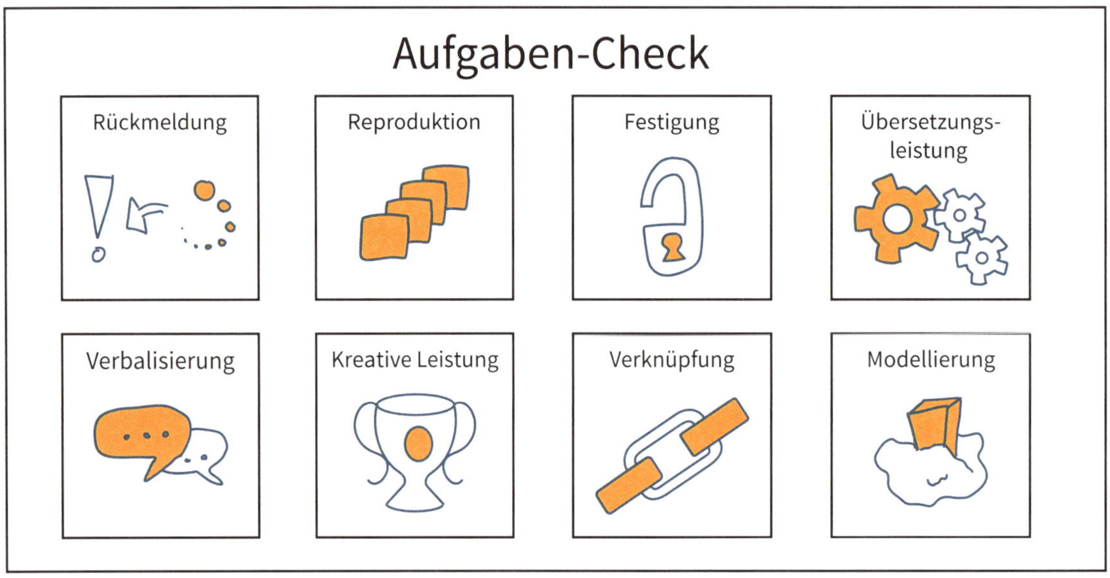
Aufgaben-Check
Rückmeldung
Reproduktion
Festigung
Übersetzungs-
leistung
Verbalisierung
Kreative Leistung
Verknüpfung
Modellierung

Basis-
kriterien
Zeit
nehmen
Rolle der
Lehrkraft
Zurückhalten
Aufmerksamkeit
Alles verstanden
Zeit für
Aufgaben-
besprechung
Wertschätzendes
Feedback

Aufmerksamkeit

Ein wichtiger Grundbegriff in jedem Lernprozess ist die Aufmerksamkeit. Ich will mich nicht unbedingt einreihen in die Litanei, dass überbordender Medienkonsum die Konzentration und Aufmerksamkeit der Schüler:innen verhindert. Gleichwohl ist ohne eine zielgerichtete Aufmerksamkeit kein Lernen denkbar. Ich möchte Aufmerksamkeit nach einer klassischen, aber immer noch aktuellen Definition von James, frei übersetzt, wie folgt verstehen.

> »Aufmerksamkeit ist die Inbesitznahme eines von mehreren möglichen Objekten oder Gedankengängen in klarer und lebendiger Form durch den Geist. Fokussierung, Konzentration des Bewusstseins sind seine Essenz. Es bedeutet, sich von einigen Dingen zurückzuziehen, um sich effektiv mit anderen zu beschäftigen« (James 1890, S. 403 f.).

Es geht also um eine Fokussierung der Sinnesorgane auf eine Sache. Dabei werden die Begriffe Aufmerksamkeit und Konzentration häufig synonym gebraucht. Rapp (1982) sieht in der Konzentration eine Steigerungsform der Aufmerksamkeit und bezieht sich vor allem auf die Zeitdauer, denn Konzentration muss über einen längeren Zeitraum erbracht werden. Aufmerksamkeit kann man auch nur für einen Moment auf eine Sache lenken. Für die Schule sind die beiden Begriffe meines Erachtens untrennbar miteinander verbunden. Lernprozesse erfordern gerade die Fokussierung auf eine Sache, etwa eine Aufgabe. Diese Fokussierung wird dann im Idealfall für einen vorgegebenen Zeitraum aufrechterhalten. Abzugrenzen ist die alltägliche Aufmerksamkeit von massiven pathologischen Störungen der Aufmerksamkeit (*Aufmerksamkeits-Defizit-Syndrom* und *Aufmerksamkeits-Defizit-Hyperaktivitäts-Syndrom*). In diesen Fällen bedarf es besonderer diagnostischer und therapeutischer Bemühungen (genauer Born & Oehler 2019). Eine weitere Abgrenzung muss zum Begriff der *Achtsamkeit* erfolgen, der in den letzten Jahren im schulischen Kontext einen Boom erlebte. Anders als die Bündelung der Aufmerksamkeit auf den Lerngegenstand, geht es dabei aber vor allem um die Wahrnehmung der Gegenwart (Andersen 2020; Kaltwasser 2013; Rechtschaffen 2016). Allerdings können Achtsamkeitsübungen sich positiv auf die Fähigkeit der Aufmerksamkeit auswirken.

In der wissenschaftlichen Diskussion finden sich drei große Dimensionen der Aufmerksamkeit, die auch für schulische Prozesse Relevanz besitzen (Schellig et al. 2009, S. 28).

- *Intensität*: Hier steht zu Beginn eine erste Aufmerksamkeitsaktivierung (*Alertness*). Dies geschieht entweder durch intrinsische allgemeine Wachheit oder durch einen Warnreiz, etwa durch die Lehrkraft (»Alle aufgepasst«). Der Aktivierung folgt die Aufrechterhaltung der Aufmerksamkeit.
- *Räumliche Aufmerksamkeit*: Darunter fallen etwa Aufgaben, die per se einen räumlichen Wechsel des Aufmerksamkeitsfokus provozieren. Ein Beispiel wäre in einem Vortrag durch die Lehrkraft der Wechsel der Aufmerksamkeit von der Lehrperson weg, hin zu einer Wandkarte.
- *Selektive oder fokussierte Aufmerksamkeit*: Hier ist zwischen geplanter und ungeplanter Aufmerksamkeitsverteilung zu unterscheiden. Ein ungeplanter Störungsreiz ist etwa eine Durchsage während eines Unterrichts. Es gilt dann, die Aufmerksamkeit weiter auf die Aufgabe zu fokussieren. Geplant sind beispielsweise Aufgaben, die gleichzeitig mehrere Eingangskanäle vorsehen und eine Integration erforderlich machen. Ein Beispiel wäre eine Aufgabe aus dem Fremdsprachenunterricht, der einen Lese- und einen Hörauftrag enthält.

Nach Zell (2019) lassen sich vier Faktoren benennen, die Aufmerksamkeit beeinflussen.

- Interesse und → **Motivation** am Gegenstand.
- Individuelle Fähigkeit, störende Reize auszublenden.
- Psychische und physische Bedingungen (etwa Müdigkeit, Energievorrat).
- Rahmenbedingungen (etwa Lärmpegel).

Aus diesen Faktoren lassen sich Handlungsoptionen ableiten, welche der Lehrkraft und den Lernenden zur Verfügung stehen.

- Sorgen Sie durch gute → **Klassenführung** für Ruhe und Struktur im Unterricht.

- Sorgen Sie durch gute Elternarbeit für die nötigen Grundvoraussetzungen, etwa ausreichend Schlaf und ausgewogene Ernährung.
- Helfen Sie Ihren Lernenden dabei, Struktur und Ordnung zu schaffen, etwa durch Heftführung.
- Versuchen Sie motivierende Lernsettings zu gestalten.
- …

Mittlerweile existiert eine Vielzahl von Programmen zur Förderung der Aufmerksamkeit respektive der Konzentration, die mehr oder weniger wissenschaftlich fundiert sind. Einen Überblick bieten etwa Berg, Imhof und Baadte (2016). Ein in der Wirksamkeit erforschtes Training ist das »Marburger Konzentrationstraining« (Krowatschek & Krowatschek 2019).

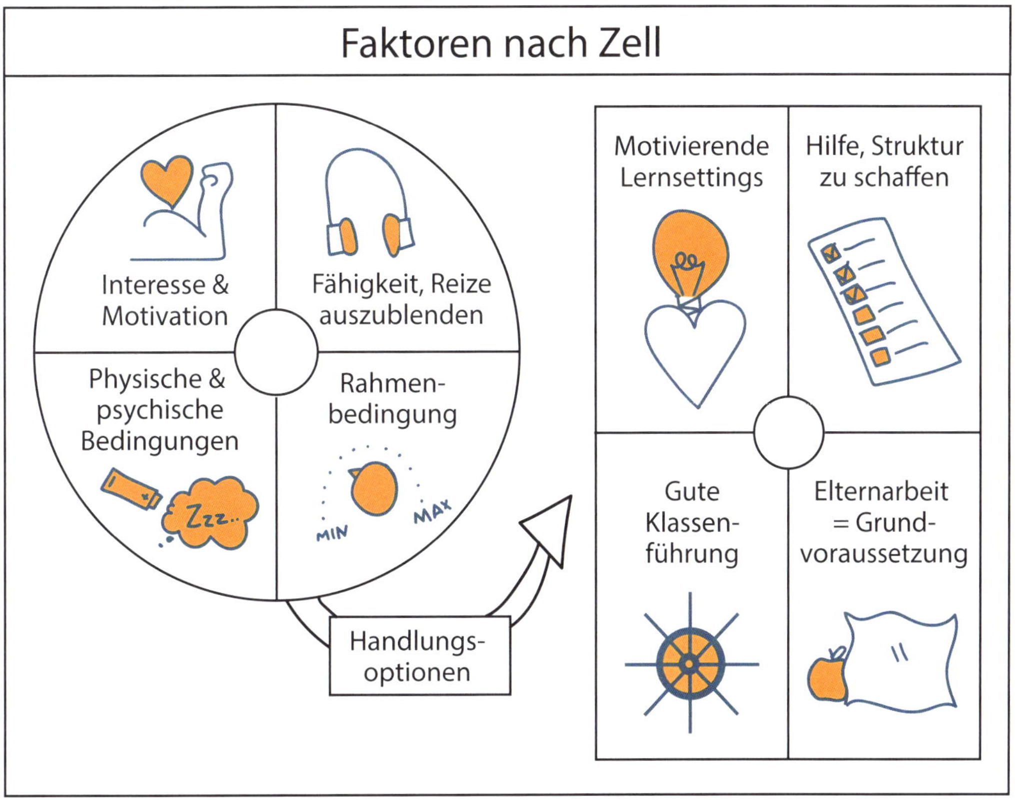
Faktoren nach Zell
Interesse & Motivation
Fähigkeit, Reize auszublenden
Physische & psychische Bedingungen
Zzz..
Rahmen-bedingung
MIN
MAX
Handlungs-optionen
Motivierende Lernsettings
Hilfe, Struktur zu schaffen
Gute Klassen-führung
Elternarbeit = Grund-voraussetzung

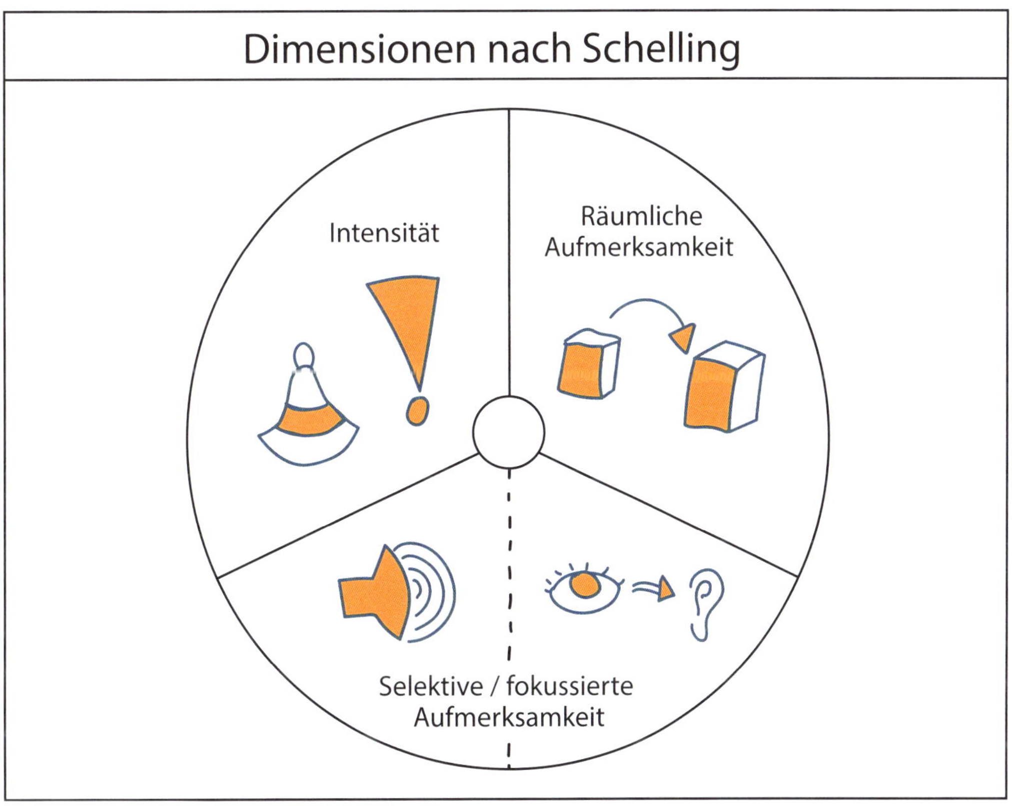
Dimensionen nach Schelling
Intensität
Räumliche Aufmerksamkeit
Selektive / fokussierte Aufmerksamkeit

Bedingungsanalyse

Der Begriff »Bedingungsanalyse« gewann durch die → **lehrtheoretische Didaktik** an Bedeutung. Darin wurde von zwei Bedingungsfeldern schulischen Lernens gesprochen. Meyer (2010, S. 130) definiert den Begriff folgendermaßen:

> »Die Bedingungsanalyse dient der Erfassung und der didaktischen Bewertung der für eine Unterrichtseinheit/eine Klasse wesentlichen Einflussfaktoren, die sich unterstützend oder hemmend auf den Unterrichtsprozess und die Unterrichtsergebnisse auswirken können«.

Meyer unterscheidet, anders als noch in der → **lehrtheoretische Didaktik**, vier Bedingungsfelder.

1. Die Lernvoraussetzungen der Lernenden, ermittelt durch Sozialisations-, Entwicklungs- und Lerntheorien.
2. Die Lehrvoraussetzungen der Lehrperson, ermittelt durch Professionalisierungsforschung.
3. Die Richtlinien und Fachvorgaben, ermittelt durch die Sichtung der Richtlinien, Kerncurricula, Bildungsstandards, Zensierungs- und Abschlussbestimmungen.
4. Die institutionellen Rahmenbedingungen, ermittelt durch rechtliche Vorgaben, Größe und Lage der Schule, des Schulprogramms.

Die Erweiterung zeigt deutlich, dass sich der Blick der Lehrkraft geweitet hat. Lange stand vor allem das erste Bedingungsfeld im Vordergrund. Die → **lehrtheoretische Didaktik** teilte das erste Bedingungsfeld in zwei Voraussetzungen.

- Anthropogene Voraussetzungen (z. B. Lernkapazität, Geschlecht, Alter, Milieu, Lern- und Arbeitsverhalten, Störfaktoren, methodische Lernvoraussetzungen)
- Soziokulturelle Voraussetzungen (z. B. Klassenstärke, Ausstattung, Kooperationsfähigkeit, Rivalität)

Für diese Voraussetzungen, die für den Unterrichtsalltag die größte Rolle spielen, biete ich hier noch einige konkrete Fragen an, welche die Einschätzung der Lernvoraussetzung und der Rahmenbedingungen erleichtern können (Schmoll 2010, S. 31 f.).

- *Arbeitstechnisch*: Über welche Lern- und Arbeitstechniken verfügen die Lernenden?
- *Sachstrukturell*: Auf welches Vorwissen der Schüler:innen kann ich meinen Unterricht aufbauen? Was könnten zentrale Fragen und Problemstellungen der Lernenden sein?
- *Sozial*: Welche sozialen Beziehungen haben die Kinder oder Jugendlichen zueinander? Welche Auswirkung hat die Art der Interaktion auf das → **Klassenklima**?
- *Motivational und emotional*: Welche Haltungen und persönlichen Einstellungen bringen die Lernenden in den Unterricht ein?
- *Kulturell und sprachlich*: Welche sprachliche und kulturelle Vielfalt ist zu verzeichnen? Müssen spezifische Verhaltensweisen oder → **Regeln** beachtet werden?
- *Individuell*: Gibt es Lernende, die besondere Beachtung benötigen (z. B. große Unter- oder Überforderung, Einschränkungen)?
- *Rahmenbedingungen*: Welche Medien stehen zur Verfügung? Wie ist die Sitzordnung? Über welche Ausstattung verfügt der Klassenraum? Welches Lehrwerk ist eingeführt?

Bedingungsfelder
Voraussetzungen
antropogen
soziokulturell
Fragen zur Voraussetzung
arbeits-
technisch
sachkulturell
sozial
kulturell
sprachlich
Hallo
Salut
Merhaba
individuell
Rahmen-
bedingung

Diagnose

Der Begriff »Diagnose« wird in der Gesellschaft in erster Linie mit dem medizinischen Bereich in Verbindung gebracht. Dabei werden nach eingehenden Untersuchungen, zuweilen mit Unterstützung bildgebender Verfahren, Diagnosen von Krankheitsbildern gestellt. Bei vielen Lehrkräften löst der Begriff vielleicht aus diesem Grunde häufig ein gewisses Unbehagen aus. Eine Lehrkraft, die wöchentlich bis zu 180 Lernende unterrichtet, kann nicht für alle Schüler:innen differenzierte Lerndiagnosen stellen. Zumal echte pädagogische Diagnostik mitunter nicht weniger aufwendig ist als im medizinischen Bereich. Die Diagnostik in pädagogisch-psychologischen Arbeitsfeldern lässt sich nach Wild und Krapp (2006, S. 528) folgendermaßen beschreiben:

> »Die Diagnostik befasst sich mit der Beschaffung und Bewertung von Informationen, die zu einer möglichst akkuraten Einschätzung der aktuellen Ausprägung von Personenmerkmalen (z. B. Fähigkeiten und Einstellungen von Lernenden) oder Merkmalen der Lern- und Entwicklungsumwelt (z. B. Kommunikationsformen im schulischen Unterricht, elterliches Erziehungsverhalten) führen und zu einer besseren Erklärung und Prognose in pädagogisch relevanten Problemfeldern beitragen«.

In dieser Definition wird die Komplexität diagnostischer Tätigkeit im Schulalltag überdeutlich. Zum besseren Verständnis ist es sinnvoll, die unterschiedlichen vier Zielrichtungen schulischer Diagnosen zu betrachten (Linser, Greving & Paradies 2019, S. 23).

- Leistungsbewertung (Notengebung und Qualifikationsvergabe)
- Verbesserung der Unterrichtsgestaltung
- Erkennen von Lernschwierigkeiten und Lernstörungen
- Erkennen von Lernbegabungen

Richtet die Lehrkraft den diagnostischen Blick auf das Kind, so sind vor allem die letzten beiden Diagnoseziele entscheidend. In diesem Sinne verstehen Ingenkamp und Lissmann (2008, S. 13) unter pädagogischer Diagnostik alle »Tätigkeiten, durch die Voraussetzungen und Bedingungen planmäßiger Lehr- und Lernprozesse ermittelt, Lernprozesse analysiert und Lernergebnisse festgestellt werden«. Das zentrale Motiv aller diagnostischer Tätigkeiten ist die Optimierung des individuellen Lernens. Ein solches Verständnis ist einer *Förderdiagnostik* zuzuordnen (Heymann 2009, S. 7). Dagegen steht eine *Ergebnisdiagnostik*, die gleichsam eine Bedeutung im Schulalltag besitzt. Bei der *Ergebnisdiagnostik* geht es darum, einen Leistungsstand möglichst genau zu beschreiben, auf dessen Grundlagen dann Noten erteilt und Abschlüsse vergeben werden.

Bei einer *Förderdiagnostik* steht die Frage nach notwendigen Informationen über den einzelnen Lernenden im Mittelpunkt, auf deren Grundlagen dann Maßnahmen der → **individuellen Förderung** ergriffen werden können. Bei diesen beiden Lesarten zeigt sich die Nähe zum Begriff der → **Bedingungsanalyse** und der → **Differenzierung**. Eine zentrale Unterscheidung schulischer Diagnostik bietet Schrader (2001, S. 92).

- *Formelle Diagnosen*, die mithilfe wissenschaftlicher Methoden gezielt und systematisch erstellt werden.
- *Informelle Diagnosen*, die eher beiläufig und zumeist unsystematisch im Rahmen des alltäglichen schulischen Handelns gewonnen werden.

Schrader (ebd., S. 93) plädiert ausdrücklich auf den Wert informeller Diagnosen und warnt vor einer zu starken Formalisierung. Aus Sicht der Lehrkräfte kann diese Forderung als Entlastung aufgenommen werden, da eine formelle Diagnose im Schulalltag ohnehin kaum denkbar ist, wenn nicht externe Institutionen Unterstützung bieten.

Die folgenden Diagnosemöglichkeiten lassen sich meiner Ansicht nach problemlos im Schulalltag umsetzen.

- Beobachtungen und Gespräche im Unterricht (= zentrales Diagnoseelement)
- Produkte der Lernenden aus dem Unterricht
- → **Hausaufgaben** (Problem: die selbstständige Erstellung ist nicht gesichert)

- Klausuren, Tests (Problem: Verfälschung durch Aufregung)
- Umfragen/Kartenabfragen
- Selbstdiagnosen (»Was kannst du schon?«, Kompetenzraster)
- Lerntagebücher, Portfolios
- Arbeitsprotokolle
- Verständnisfragen nach Lektüre

Insbesondere die alltäglichen Beobachtungen und Gespräche stellen die zentralen Diagnoseelemente dar. Allerdings muss die einzelne Lehrkraft sich im Alltag die Zeit nehmen, um über die gewonnenen Eindrücke zu reflektieren und daraufhin punktuelle Fördermaßnahmen abzuleiten. Neben den hier aufgelisteten, alltäglichen Diagnoseinstrumenten existieren eine Vielzahl von fachspezifischen Diagnosemöglichkeiten, die spezielle fachliche Kompetenzen in den Blick nehmen. Darüber hinaus bieten zentrale Lernstanderhebungen in einigen Fächern eine besondere Möglichkeit systematischer, in Ansätzen formeller Diagnostik. Grundsätzlich erscheint eine pädagogische Diagnostik bei allem Anspruch unverzichtbar. Horstkemper (2006, S. 56 f.) sieht dafür vier Begründungen.

- *Passung:* Der Unterricht kann nur dann erfolgreich sein, wenn er möglichst auf die Lernausgangslagen vieler Lernenden abgestimmt ist.
- *Prävention:* Lern- und entwicklungsgefährdende Schüler:innen müssen erkannt werden.
- *Begabtenförderung:* Nur erkannte Begabungen und Talente können gefördert werden.
- *Intervention:* Eine Kompensation von Schwierigkeiten und systematische Förderung kann nur erfolgen, wenn Probleme erkannt werden.

Wichtig erscheint mir zum Abschluss der Hinweis, dass sich keine Lehrkraft von den großen Herausforderungen pädagogischer Diagnostik abschrecken lassen sollte. Es gilt, wie oft im Leben, der Grundsatz: »Mache das, was du machen kannst!« Eikenbusch formuliert vier Gelingensbedingungen effektiver Diagnostik, die in Teilen durch die Schule als System eingelöst werden müssen (Eikenbusch 2017, S. 7).

- Diagnose sollte wenn möglich kontinuierlich und zielgerichtet sein.
- Diagnose sollte Lern- und Entwicklungsprozesse transparent machen.
- Diagnose setzt personelle Ressourcen voraus.
- Diagnose ist kooperativ und im Kollegium besonders effektiv.

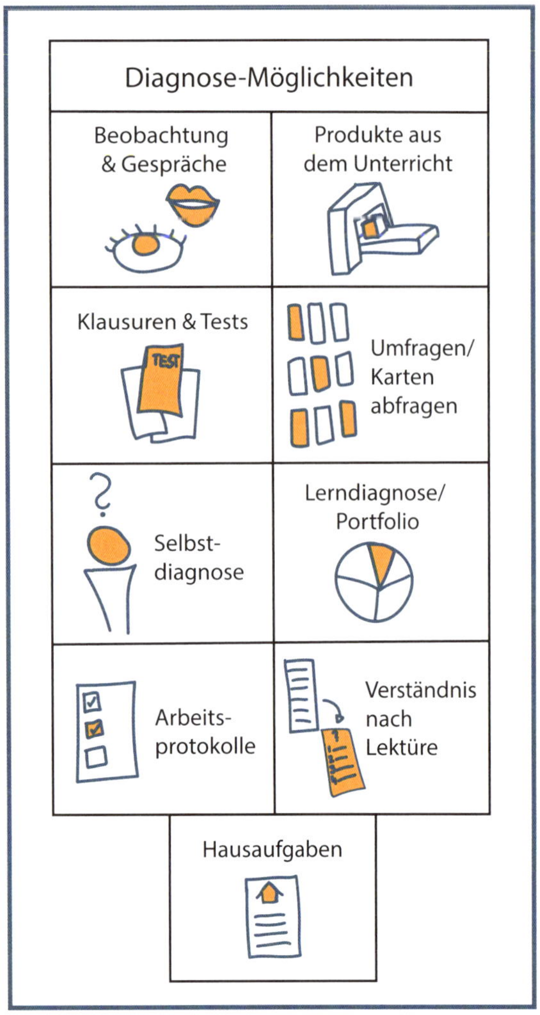
Diagnose-Möglichkeiten
Beobachtung & Gespräche
Produkte aus dem Unterricht
Klausuren & Tests
TEST
Umfragen/ Karten abfragen
Selbst-diagnose
Lerndiagnose/ Portfolio
Arbeits-protokolle
Verständnis nach Lektüre
Hausaufgaben

Zielrichtungen
Leistungs-bewertung
1-6
Verbesserung der Unterrichtsgestaltung
Erkennen von Schwächen & Störungen
Erkennen von Begabung
Förderdiagnostik
formell
informell
Individuelle Förderung
Bedingungs-analyse
Differen-zierung

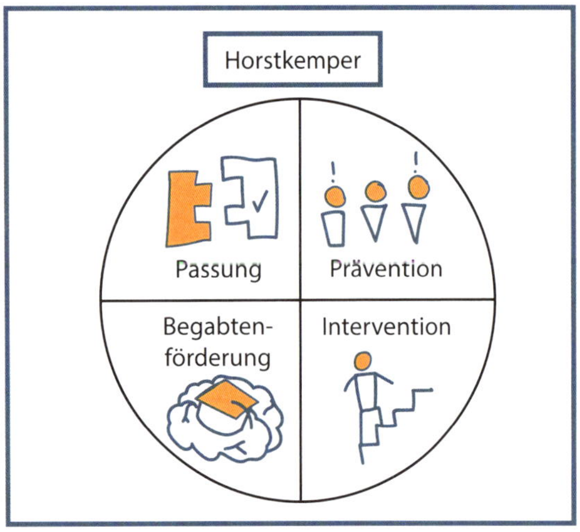
Horstkemper
Passung
Prävention
Begabten-förderung
Intervention

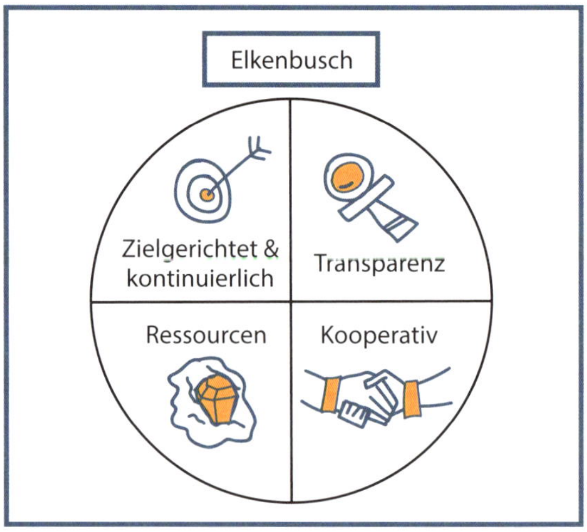
Elkenbusch
Zielgerichtet & kontinuierlich
Transparenz
Ressourcen
Kooperativ

Didaktische Reduktion

Ein zentraler Aspekt in der Planungstätigkeit einer jeden Lehrkraft ist eine passende didaktische Reduktion. Diese ist eingebettet in den komplexen Planungsvorgang oder in die Sprache der → **bildungstheoretischen Didaktik** der → **didaktischen Analyse**. Es gilt dabei für die Lehrkraft, die Anforderung des Unterrichts passend zu den Fähigkeiten der Lernenden auszuwählen. Denn Unterforderung langweilt und Überforderung frustriert. Es sei allerdings an dieser Stelle angemerkt, dass es im Alltag unmöglich ist, bei allen Lernenden einer Klasse die passende Anforderung zu treffen. Die Lehrkraft kann zwar Differenzierungsmaßnahmen vornehmen, aber sicherlich nicht für 25 bis 30 Lernende gleichermaßen. Somit ist die Forderung nach einer »perfekten« → **individuellen Förderung** im Schulalltag nicht vollständig umsetzbar.

Gleichwohl kann eine gründliche didaktische Reduktion für viele Lernende zu einer angemessenen Herausforderung führen. Dies ist nicht zuletzt aufgrund der Ergebnisse der Hattie-Studie von herausragender Bedeutung für den Lernerfolg der Schüler:innen (genauer Hattie & Zierer 2016, S. 50). Somit ist die didaktische Reduktion eng mit der Klärung der Ausgangslage der Lernenden, also mit der → **Bedingungsanalyse** verknüpft. Wichtige, grundlegende Bezugspunkte sind zum einen Entwicklungsverläufe und Krisen bei Kindern und Jugendlichen (genauer Schnack 2020) und die Stufen der kognitiven Entwicklung nach Piaget. Insbesondere die Berücksichtigung von Piaget spielt für den Lernerfolg eine sehr große Rolle, da etwa eine Überforderung durch zu große Abstraktion verhindert werden muss (zur Einführung Lefrancois 2006, S. 204 ff.).

Nur durch viele Informationen über die Lernenden kann die Lehrkraft eine angemessene didaktische Reduktion vornehmen. Dieser Prozess kann wie folgt definiert werden: Die Lehrkraft führt komplexe Sachverhalte eines Gegenstandes auf die zentralen Elemente zurück. Dabei achtet die Lehrkraft darauf, dass die Reduktion nicht zu einer Verfälschung des Sachverhalts führt.

Hier ist die fachliche Expertise der Lehrkraft gefragt, die sich gut im zu unterrichtenden Sachverhalt auskennen muss. Daher ist eine gründliche *Sachanalyse* unerlässlich (genauer Meyer 2010, S. 198 f.). Diese planerische Tätigkeit ist in hohem Maße fachbezogen und wird je nach Fach und Klassenstufe anders verlaufen. Zur Konkretisierung dazu ein Beispiel aus meinem Alltag: Im Erdkundeunterricht der Klasse 7 am Gymnasium in Nordrhein-Westfalen spielen Naturkatastrophen eine große Rolle, etwa Vulkanausbrüche. Die Lehre der grundsätzlichen Gesetzmäßigkeiten und zentralen Fachbegriffe des Vulkanismus ist fest im Kernlehrplan verankert. Darüber hinaus ist es Aufgabe der Lehrkraft, zu entscheiden, in welcher Weise differenziertere geologische oder chemische Prozesse im Unterricht eine Rolle spielen. Es wird vermutlich nur selten in der siebten Klassenstufe thematisiert, dass das austretende Lava überwiegend aus Silikatschmelzen sowie aus Magnesium und Eisenverbindungen besteht. Allerdings bieten solche Planungsgedanken Potenzial für Differenzierungsmaßnahmen oder Chancen eines fächerverbindenden Unterrichts.

Anforderungen passend der Fähigkeiten

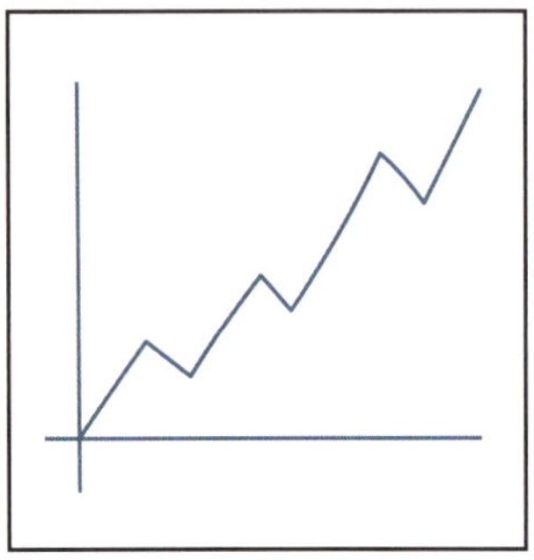

Angemessene Herausforderung

Reduktion komplexer Sachverhalte

Beispiel

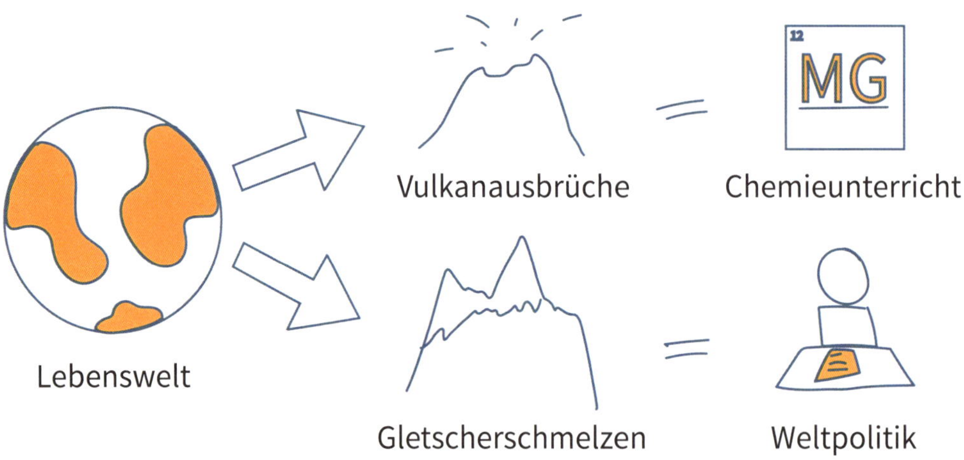

Differenzierung und individuelle Förderung

Die Forderung nach individueller Förderung aller Schüler:innen wird seit jeher als zentrales Moment schulischer Bildung angesehen. Dies erfordert zwingend differenzierte Lernangebote. Was verbirgt sich aber hinter dem Etikett differenzierten und individuellen Lernens? Die folgende Definition von Paradies und Linser (2005, S. 9) verdeutlicht die Vielschichtigkeit des Themas.

> »Differenzierung in der Schule und im Unterricht begreift Individualität als konstitutive Basis und verfolgt nur ein einziges Ziel: Jeder einzelne Schüler soll individuell maximal gefordert und damit optimal gefördert werden. Das individuelle Leistungsvermögen und das Lernverhalten sind Grundlage für differenzierende Maßnahmen auf der inhaltlichen, didaktischen, methodischen, sozialen und organisatorischen Ebene«.

Die Definition enthält drei unterschiedliche Schwerpunkte. Der erste Teil dieser Definition zielt zunächst auf ein bestimmtes Bild einer Lerngruppe ab. Eine professionelle Lehrkraft begreift die vorhandene Heterogenität als Chance und verabschiedet sich von der Fiktion einer homogenen Lerngruppe. Jeder Schüler und jede Schülerin wird dabei in den Blick genommen. Aspekte der Heterogenität betreffen etwa Interesse, Sozialverhalten, Lernwille, Arbeitshaltung, Kreativität, Kenntnisse, Intelligenz, Einstellungen, Temperament, kulturelle Herkunft, Sprache, Umwelt oder Elternhaus.

Der zweite Teil bezieht sich auf den individuellen Ist-Zustand, also das Lernvermögen und -verhalten. Aus diesem Grund kommt der → **Diagnose** der einzelnen Lernenden eine entscheidende Funktion zu. Der dritte Teil beinhaltet die eigentlichen Differenzierungsmaßnahmen. Aus dieser Definition folgt die Erkenntnis, dass Differenzierung immer mit Diagnosemaßnahmen gekoppelt werden sollte. Ein idealtypischer Ablauf veranschaulicht die Abbildung 1.

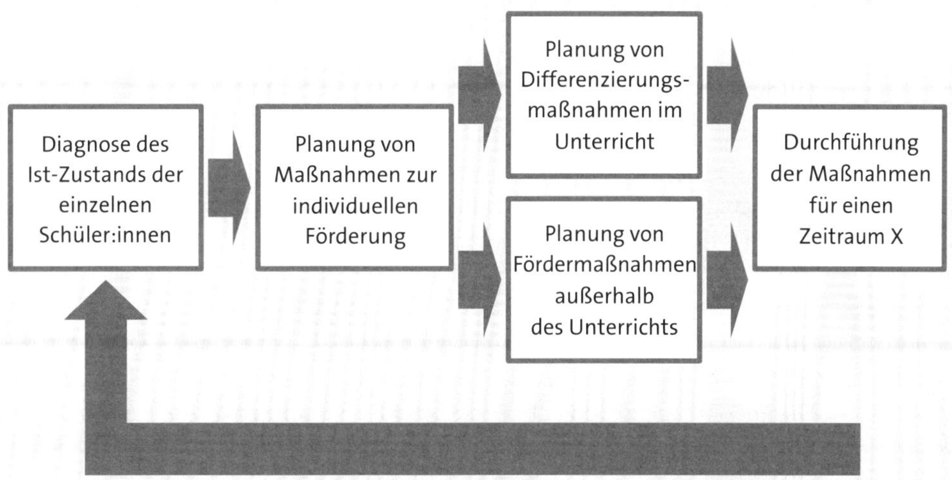

Abbildung 1: Der Diagnose-Differenzierungskreislauf (eigener Entwurf)

Die eigentliche individuelle Förderung manifestiert sich dann in den verschiedenen Differenzierungsmaßnahmen. Ein klassische Definition dazu bieten Klafki und Stöcker (1976, S. 497).

> »Der Begriff der Differenzierung (Binnendifferenzierung) umfasst alle organisatorischen und methodischen Bemühungen, die darauf abzielen, den individuellen Begabungen, Fähigkeiten, Neigungen und Interessen einzelner Schüler oder Schülergruppen innerhalb einer Schule oder Klasse gerecht zu werden«.

Die verschiedenen Differenzierungsarten sind in Abbildung 2 dargestellt.

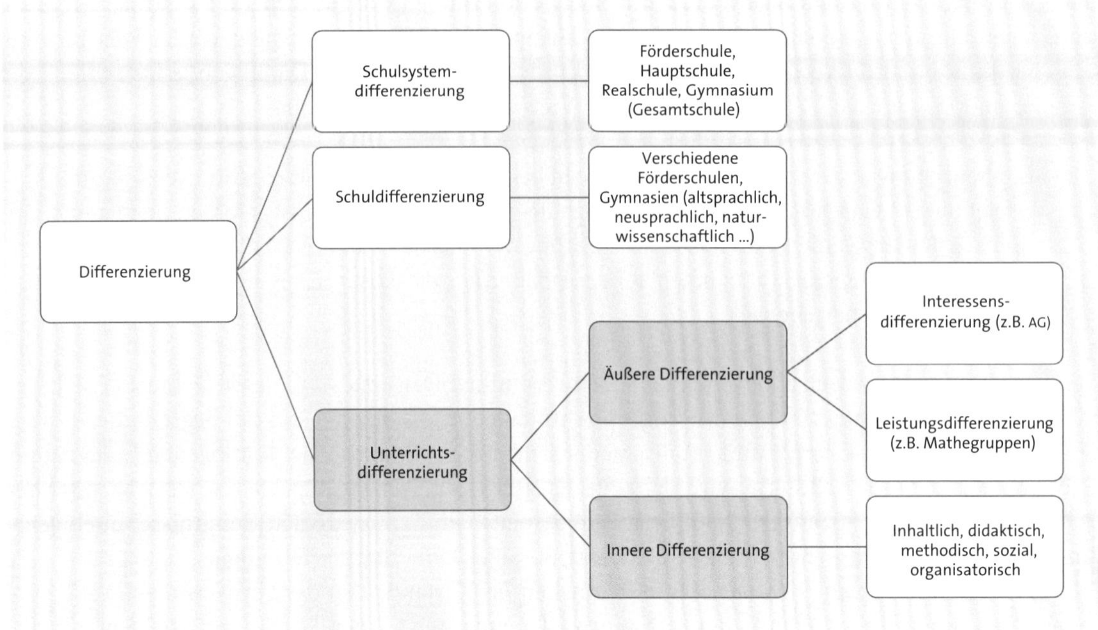

Abbildung 2: Differenzierungsarten nach Klafki und Stöcker (1976)

Im Unterricht spielen demnach Maßnahmen der inneren Differenzierung eine entscheidende Rolle. Die innere Differenzierung lässt sich dreifach unterteilen.

- *Maß der Lehrkraftzuwendung:* unterschiedlich intensive Betreuung.
- *Aufgabe:* Menge der Zeit, Anzahl der Aufgaben, Anzahl der Wiederholungen, Komplexität der Aufgabe.
- *Zugänge, Interessen und Lehr- und Lernstile:* bezogen auf Medien, → **Sozialformen** und Methoden, bezogen auf inhaltliche Zugänge und Ziele.

Die Unterrichtsforschung stellt schon lange eine Diskrepanz zwischen weitreichenden Erwartungen und praktischen Einlösungen bezüglich der individuellen Förderung im Unterricht fest (etwa Trautmann & Wischer 2007). Die Autoren nennen insbesondere zwei Gründe.

- Institutioneller Rahmen (z. B. höherer Zeitaufwand im 45-Minutentakt nicht zu erfüllen).
- Fehlendes Umdenken der Lehrkräfte.

Somit steht für die Lehrkraft die Reflexion der eigenen Sicht auf Unterricht am Anfang eines differenzierten Unterrichts. Darüber hinaus sollten Lehrkräfte intensiv zusammenarbeiten und sich unterstützen. Des Weiteren ist nach Möglichkeit mit kleinen Schritten der Differenzierung zu beginnen. Eine Chance kann im Konzept des kooperativen Arbeitens gesehen werden.

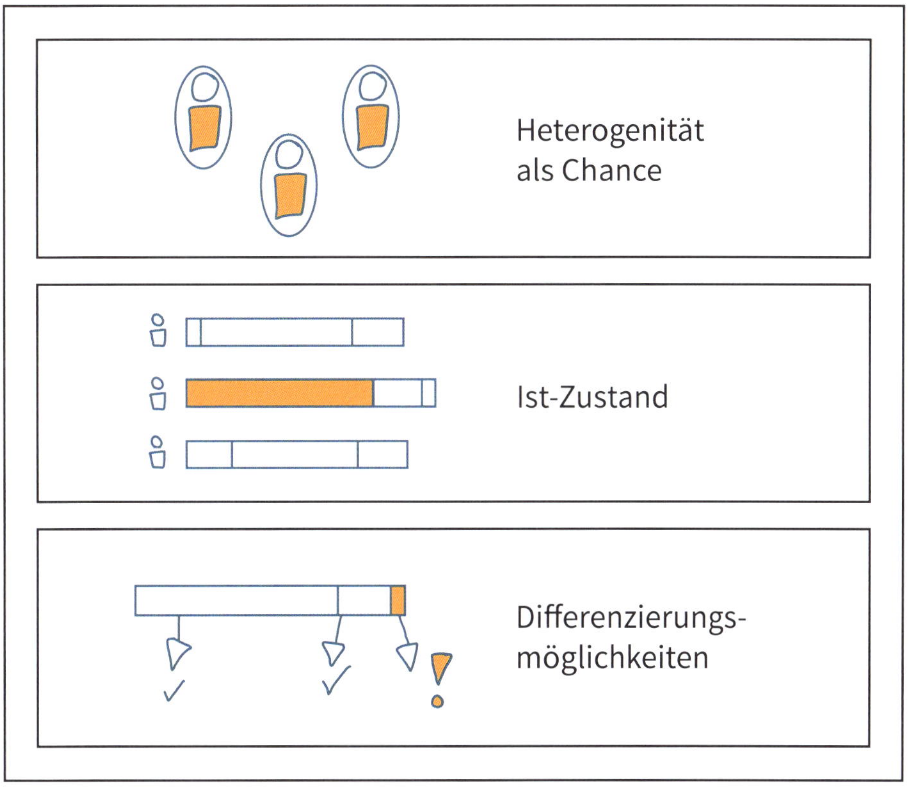
Heterogenität
als Chance
Ist-Zustand
Differenzierungs-
möglichkeiten

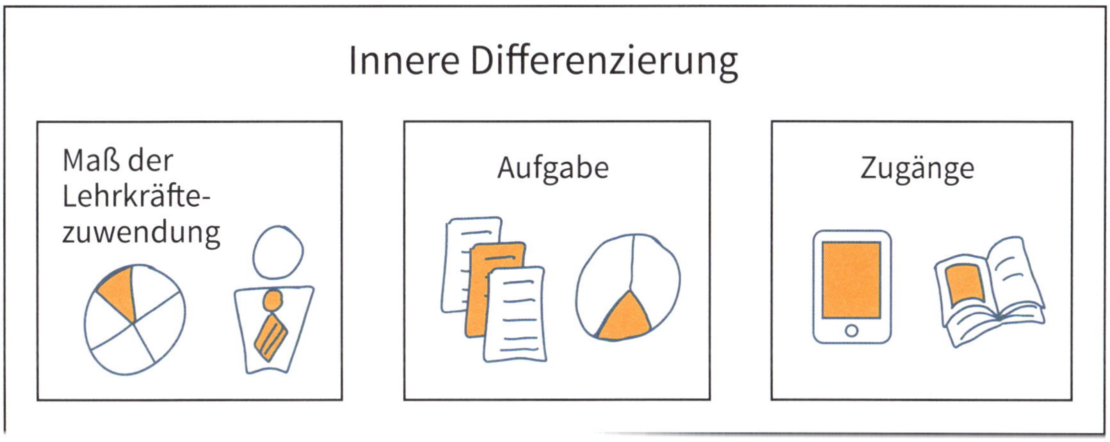
Innere Differenzierung
Maß der
Lehrkräfte-
zuwendung
Aufgabe
Zugänge

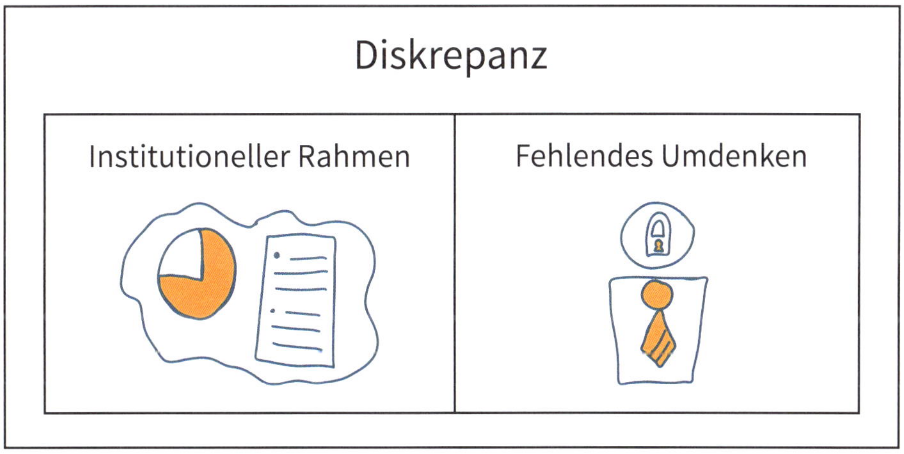
Diskrepanz
Institutioneller Rahmen
Fehlendes Umdenken

Distanzlernen, Hybridunterricht und Blended Learning

Durch die Corona-Pandemie entstand eine völlig neue Lehr-/Lernform, die bis dahin undenkbar erschien: das Distanzlernen. Das war für viele Lernende und Eltern eine schlimme Zeit, die aufgrund unterschiedlicher häuslicher Voraussetzungen die Bildungsungerechtigkeit nochmals eindringlich offenlegte. Es wurde deutlich, dass die Beziehungsarbeit bei Lernprozessen eine zentrale Rolle spielt. Zudem wirkten sich das Fehlen von Peers und teilweise fehlende → **Regeln**, Abläufe und → **Rituale** negativ auf die Entwicklung vieler Schüler:innen aus. Viele waren mit dem großen Maß an Freiheit und den Anforderungen an die eigene Selbstständigkeit überfordert (genauer Zierer 2020).

Die aus dieser Zeit erarbeiteten didaktischen Hinweise sind heute noch für individuelle, digital gestützte Lernphasen nutzbar. Folgender Regelkatalog kann zur Optimierung digitaler Lernphasen, ob allein oder in Gruppen, genutzt werden.

- Der Unterricht wird bei Lehrgängen nur von der Lehrkraft gestartet und beendet.
- Alle Materialien liegen am Arbeitsplatz bereit.
- Die Kamera ist bei Gruppenarbeiten, wenn möglich, angeschaltet.
- Der Chat wird nur für inhaltliche oder organisatorische Inhalte genutzt.
- Alle Teilnehmenden sind stumm gestaltet. Das Mikrofon wird nur bei eigenen Wortbeiträgen eingeschaltet.
- Jedes Mitschneiden von Bild- oder Tonaufnahmen ist verboten.
- Es finden keine parallelen Tätigkeiten statt. Das Smartphone befindet sich im Idealfall in einem anderen Raum.
- Der Platz für das Onlinelernen wird nach Möglichkeit störungsarm gestaltet.

Im Nachgang des reinen Distanzlernens wurde das sogenannte »hybride Lernen« als neue Lehr-/Lernform ausgerufen. Damit ist eine Unterrichtsform gemeint, die besonders für das → **Lernen und Lehren im Zeitalter der Digitalität** geeignet sei. Dazu sei zunächst gesagt, dass Formen des hybriden Lernens keineswegs neu sind. Insbesondere in der universitären Lehre ist ein vermischtes Lernen mit dem Wechsel von Präsenz- und Onlinelernen schon lange unter dem Begriff des Blended Learning etabliert. So formulierten Krommer und Wampfler (2021, S. 11) sogenannte Antinomien für die Arbeit in Formaten des Blended Learnings.

- So viel Beziehungsarbeit wie möglich, so viel digitale Instrumente wie nötig.
- So viel Freiheit wie möglich, so viel Kontrolle und Struktur wie nötig.
- So viel asynchrone Kommunikation wie möglich, so viel synchrone Kommunikation wie nötig.
- So viel Projektarbeit wie möglich, so viel kleinschrittige Übungen wie nötig.
- So viel Peer-Feedback wie möglich, so viel Feedback von Lehrenden wie nötig.

Gerade für die Projektarbeit mit vielen Phasen des → **selbstorganisierten Lernens** sind die Hinweise zur Einordnung der Projekte hilfreich. Es gilt, die didaktischen Hinweise dieser Ansätze in die aktuellen Ansätze zu überführen.

Die Auseinandersetzung mit digitalen Formaten und Instrumenten war sowohl für Lernende als auch für Lehrkräfte zwingend nötig. Dadurch hat die Schule einen digitalen Schub zu verzeichnen. Die nächsten Jahre werden zeigen, inwieweit die Schul- und Unterrichtsentwicklung auf Formate des Blended Learnings zurückgreifen. In der didaktischen Diskussion jedenfalls spielt das Format sehr wohl noch eine Rolle (Brägger & Siewert 2023). Dabei fordern die Autor:innen die Nutzung und Verbindung der Stärken von Präsenzunterricht und E-Learning (ebd., S. 8). Großes Potenzial wird darin dem Format des sogenannten *Flipped Classrooms* zugeschrieben, welches ohne viel Aufwand auch in kleineren Lehrgängen eingesetzt werden kann. Dabei wird die Vermittlungsphase in die vorbereitende Heimarbeit gelegt. Sehr häufig passiert dies mit Erklärvideos, mit denen die Lernenden sich das Wissen im eigenen Tempo aneignen können. Insbesondere in höheren Klassen kann daher das Blended Learning einen wichtigen Beitrag zur zukünftigen Unterrichtsentwicklung leisen.

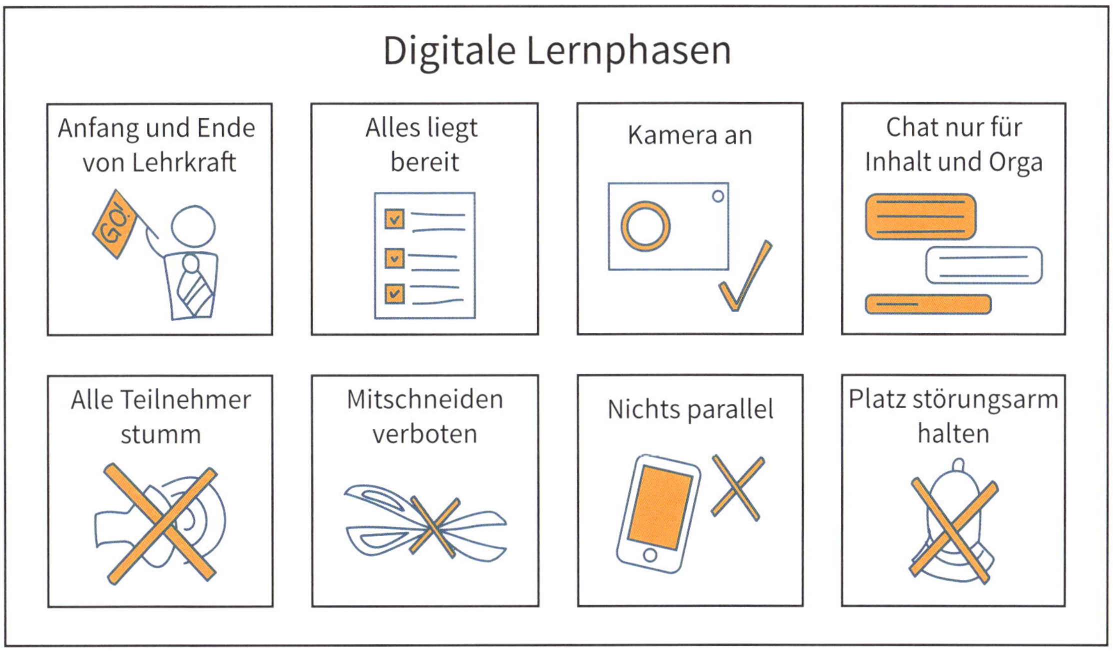
Digitale Lernphasen
Anfang und Ende von Lehrkraft
GO!
Alles liegt bereit
Kamera an
Chat nur für Inhalt und Orga
Alle Teilnehmer stumm
Mitschneiden verboten
Nichts parallel
Platz störungsarm halten

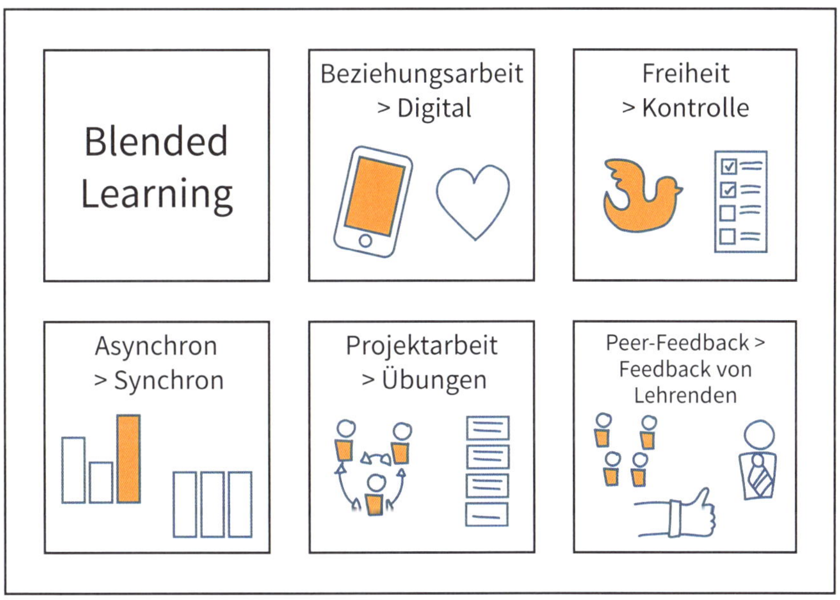
Blended Learning
Beziehungsarbeit > Digital
Freiheit > Kontrolle
Asynchron > Synchron
Projektarbeit > Übungen
Peer-Feedback > Feedback von Lehrenden

Einstieg

Jede Unterrichtsstunde beginnt mit einem Einstieg. Dieser ist somit der erste Schritt in der *Phasierung* des Unterrichts, vor der Erarbeitung und der → **Sicherung**. In der Allgemeinen Didaktik finden sich wenig neuere Publikationen zu diesem Thema, was darauf hinweist, dass die entscheidenden Aspekte zu diesem Grundbegriff bereits behandelt wurden. Grundsätzlich hat der Unterrichtseinstieg nach Meyer (2000, S. 191) zwei Funktionen. Zum einen sollen die Lernenden motiviert bzw. zumindest in einen Arbeitsmodus versetzt werden. Zum anderen soll ein Problembewusstsein geschaffen werden. Hinter der zweiten Forderung verbirgt sich als Unterrichtskonzept der problemorientierte Unterricht, der in der Unterrichtspraxis zwar vorkommt, aber bei weitem nicht in jeder Stunde. Es sollten daher zwei Einstiegsarten unterschieden werden (Greving & Paradies 2009, S. 15).

- *Stundeneröffnungen:* Damit sind alle → **Rituale** und Handlungen gemeint, die nach dem Betreten des Klassenraums durch die Lehrkraft stattfinden, aber nichts mit dem eigentlichen Unterrichtsthema zu tun haben (z. B. Morgengruß). Den Lernenden wird lediglich signalisiert, dass der Unterricht in Kürze thematisch beginnt. Diese Phase hat im Unterrichtsalltag eine große Bedeutung.
- *Thematischer Einstieg*: Damit sind alle Tätigkeiten der Lehrkraft und der Schüler:innen gemeint, die in das Thema der Stunde einführen (z. B. ein Bild wird beschrieben oder eine Zeitungschlagzeile analysiert).

In der (fach-)didaktischen Literatur geht es häufig eher um die zweite Lesart. Dazu formuliert Meyer eine Reihe von möglichen Funktionen eines thematischen Einstiegs (Meyer 2000, S. 122).

- Fragen hervorrufen,
- Neugier und Interesse am neuen Thema wecken,
- über das Kommende informieren,
- Vorkenntnisse und Vorerfahrungen aktivieren,
- Chance geben, die weiteren Schritte mitzuplanen und mitzubestimmen,
- Verknüpfung des schon Bekannten mit dem neuen Stoff.

Für die Planung und Beurteilung von Unterrichtseinstiegen schlagen Meyer und Junghans (2022, S. 246) folgende sieben Beurteilungskriterien vor. Der Einstieg soll:

- einen Orientierungsrahmen liefern,
- zentrale Aspekte des neuen Themas einführen,
- an das Vorverständnis der Lernenden anknüpfen,
- eine Verständigung über das angestrebte Lernprodukt und die Auswertungskriterien ermöglichen,
- im Idealfall eine didaktische Vorentlastung schaffen,
- möglichst oft einen handelnden Umgang mit dem neuen Thema ermöglichen,
- die Schüler:innen (für eine erfolgreiche Arbeit) disziplinieren.

Anhand der Auflistung und der Kriterien wird deutlich, dass es verschiedene Arten von Unterrichtseinstiegen gibt. Insbesondere der Grad der Beteiligung durch die Lernenden und die vorhandene Offenheit sind dabei zu beachten. Als eine Art »Königsweg« gilt vielfach der problemorientierte Unterrichtseinstieg. Darin werden die Lernenden auf ein Problem gestoßen, das heißt es entsteht ein sogenannter kognitiver Konflikt. Dieser Konflikt wird dann im Laufe der Unterrichtseinheit aufgelöst. Ein solcher Einstieg steigert die Motivation. Diese greift allerdings nur dann in Gänze, wenn das Problem auch ein Problem der Schüler:innen wird (→ **Schüler:innenorientierung**). Wenn das gelingt und es im Unterricht zum aktiven Problemlösen kommt, dann ist eine hohe Lernwirksamkeit wahrscheinlich (Zierer 2022).

Daher ist die Frage nach der Art des Einstiegs auch immer eine didaktische Frage. Was kann oder will ich mit dem Einstieg erreichen? Eine Art Gegenentwurf zum offenen, problemorientierten Einstieg stellt der sogenannte informierende Einstieg dar (Grell & Grell 1999). Dieser sollte maximal fünf Minuten dauern, die Lernziele darlegen und begründen sowie den Stundenverlauf transparent machen. Die entscheidenden Vorteile sind dabei die Einfachheit und die hohe Transparenz der Unterrichtsstruktur und des angestrebten Ergebnisses.

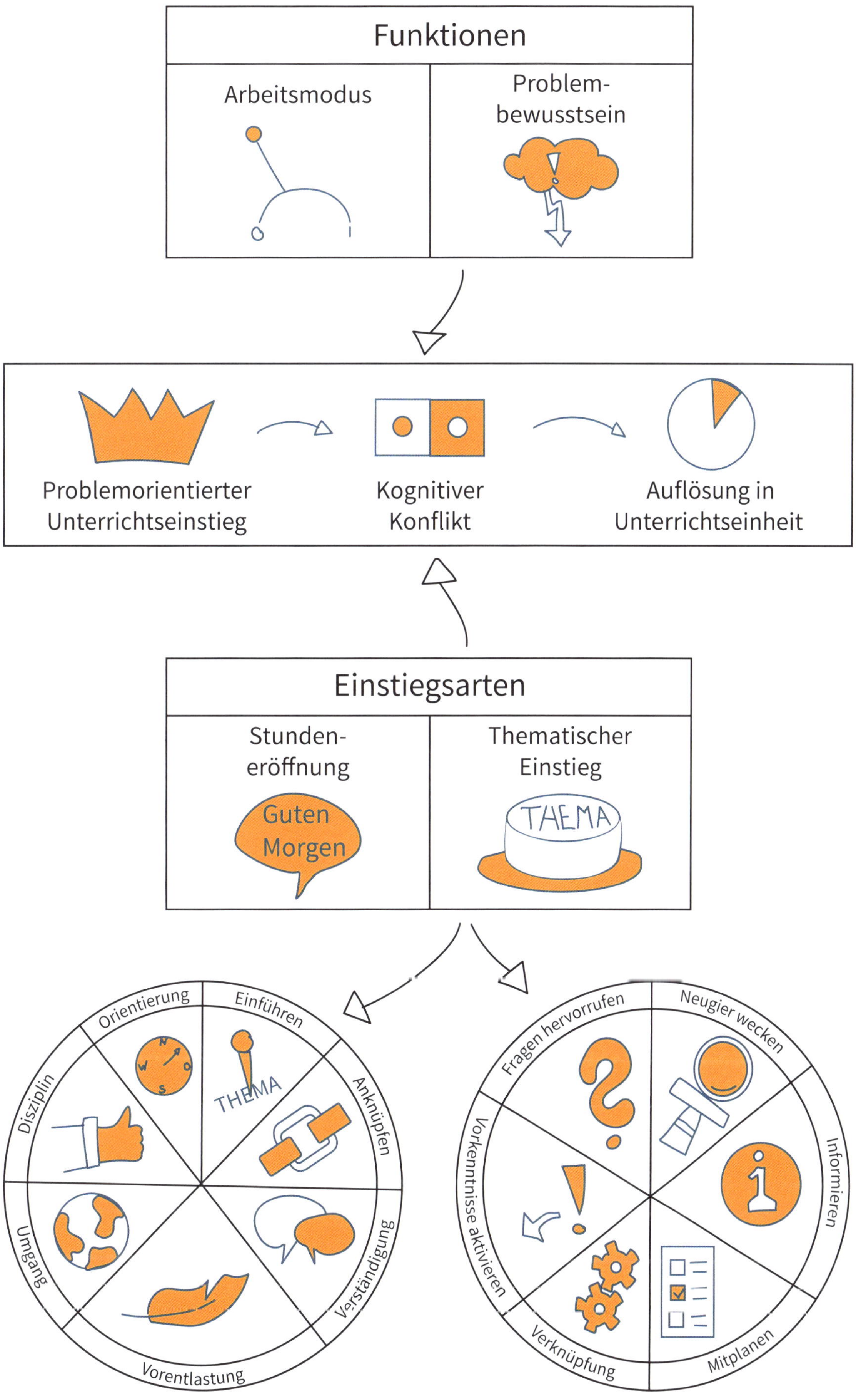
Funktionen
Arbeitsmodus
Problembewusstsein
Problemorientierter Unterrichtseinstieg
Kognitiver Konflikt
Auflösung in Unterrichtseinheit
Einstiegsarten
Stundeneröffnung
Guten Morgen
Thematischer Einstieg
THEMA
Orientierung
Einführen
THEMA
Anknüpfen
Verständigung
Vorentlastung
Umgang
Disziplin
Fragen hervorrufen
Neugier wecken
Informieren
Mitplanen
Verknüpfung
Vorkenntnisse aktivieren

Feedback

Sehr einfach ausgedrückt, ist ein Feedback in der Schule eine Form der Rückmeldung. Zumeist wird darunter die Rückmeldung einer Lehrkraft an Schüler:innen verstanden. Natürlich ist auch der umgekehrte Weg denkbar, also dass die Schüler:innen der Lehrkraft eine Rückmeldung, etwa zum Unterricht, geben. Die Bedeutung des Feedbacks der Lernenden ist hoch und sollte in jeder Schule zur Normalität gehören (genauer Wisniewski & Zierer 2017, S. 63 ff.). Hier soll es um das Feedback durch die Lehrkraft gehen.

> »Unter Feedback wird eine bewusste, auf Daten basierende Rückmeldung an eine Person bzw. eine Personengruppe verstanden« (Haag & Götz 2019, S. 14).

Bei dieser griffigen Definition sei aus Sicht der Praxis für eine zurückhaltende Sicht auf die Datenbasierung geworben. Stellen wir uns vor, dass eine Lehrkraft im Unterricht eine Frage stellt, die von einem Lernenden falsch beantwortet wird. Die Lehrkraft wird aufgrund der Aussage des Lernenden Rückmeldung geben und auf den Fehler hinweisen. Das ist ein wichtiges Feedback im Unterrichtsalltag und eine Situation, die täglich unzählige Male passieren wird. Die Datenlage ist dabei allerdings eher als dünn zu bezeichnen.

Gleichwohl weist die Definition berechtigt darauf hin, dass Feedback wirkmächtiger wird, wenn es auf umfassende Diagnose und Evaluationsergebnisse zurückgreifen kann. Daher ist vor einem umfassenden Feedback, etwa bei Beratungsgesprächen, genau zu prüfen, welche Informationen vorliegen und welches Feedback daraufhin sinnvoll ist. Eine weitere Unterscheidung ist ebenfalls von Bedeutung. So muss zwischen zwei Feedbackformen unterschieden werden.

- *Summatives Feedback* bezieht sich auf eine Rückmeldung nach einem Lernprodukt bzw. nach einem abgeschlossenen Lernweg, klassischerweise etwa der Kommentar der Lehrkraft zu einer Klassenarbeit.
- *Formatives Feedback* bezieht sich auf den Lernprozess und den Lernfortschritt der Lernenden. Es dient also nicht in erster Linie der Bewertung, sondern im Idealfall der individuellen Unterstützung beim Erreichen von Lernzielen.

Beide Formen haben ihre Berechtigung. Allerdings spricht vieles dafür, dem formativen Feedback mehr Beachtung zu schenken. Bietet sich dadurch doch die Möglichkeit, positiv-reaktiv in den Lernprozess einzugreifen. In den letzten Jahren hat die Bedeutung des Feedbacks durch die Lehrkraft einen regelrechten Boom erfahren – nicht zuletzt durch die Ergebnisse der Hattie-Studie (etwa Hattie 2014). Danach kann ein professionelles Feedback durch die Lehrkraft als hoch lernwirksam angesehen werden. Was aber muss die Lehrkraft bei einem Feedback beachten? Zunächst unterscheidet Hattie zwischen vier Ebenen:

- *Aufgabe:* Wie gut wurde die Aufgabe verstanden und erledigt?
- *Prozess:* Was muss getan werden, um die Aufgabe zu verstehen und erfolgreich zu erledigen?
- *Selbstregulation:* Welche Aktivitäten der Selbstüberwachung, -steuerung und -regulation helfen den einzelnen Schüler:innen?
- *Selbst:* Welche Persönlichkeitsmerkmale nimmt die Lehrkraft wahr?

Die letzte Ebene ist nach den Untersuchungen von Hattie kaum lernwirksam. Angaben zur Persönlichkeit sind sehr sensibel zu benutzen. So kann ein zu allgemeines, selbstbezogenes Lob sogar die Leistungsbereitschaft senken. Aussagen wie »Du bist ein disziplinierter Schüler« helfen für den Lernfortschritt nicht weiter. Daher muss zwischen einem aufgabenbezogenen oder sachbezogenem Feedback und einem personenbezogenen Lob klar unterschieden werden. Allerdings kann auch ein personenbezogenes Feedback seinen Wert besitzen, etwa für die Beziehung zwischen Lehrkraft und Schüler:innen (Hattie & Zierer 2016, S. 42).

Aus diesen Gründen enthält das dargestellte Modell (siehe Tabelle) nur drei Ebenen. Hattie hat diese drei Ebenen in seinem Feedbackmodell mit dem Zeitaspekt kombiniert. So enthält jede Ebene jeweils drei Perspektiven.

- *Vergangenheit (Feed Back)*: Was ist gut gelaufen? Wie komme ich voran?
- *Gegenwart (Feed Up):* Wo will ich hin?
- *Zukunft (Feed Forward)*: Was sind die nächsten Schritte?

Aus den Ebenen und den Perspektiven ergibt sich eine gute Übersicht über mögliches Feedback in der Schule.

	Aufgabe	**Prozess**	**Selbstregulation**
Vergangenheit	Wo zeigen sich Fortschritte?	Wo zeigt sich bei der Leistungserbringung ein Fortschritt?	Hat es bei den eingesetzten Strategien zur Selbstregulation Fortschritte gegeben?
Gegenwart	Welche Ziele wurden erreicht? Welche Inhalte wurden verstanden?	Wie genau wurde die Leistung erbracht?	Welche Strategien zur Selbstregulation waren erfolgreich?
Zukunft	Um welche Ziele und Inhalte geht es als nächstes?	Welche Hinweise und Hilfen zur weiteren Leistungserbringung könnten hilfreich sein?	Welche Strategien zur Selbstregulation sind als nächstes einzusetzen?

Tabelle: Aspekte der Feedbackarbeit in Schule in Anlehnung an Hattie und Timperley (2007)

Die Tabelle bietet einen guten Überblick für die Lehrkraft, das eigene Feedback in Hinblick auf einen systematischen Einsatz weiter zu optimieren. Im Idealfall entsteht in der gesamten Schulgemeinde eine Feedbackkultur mit kontinuierlichen Feedbackschleifen. Eine gewinnbringende Möglichkeit können neben den Elternsprechtagen zum Beispiel Sprechtage nur für Schüler:innen sein, die fest im Terminplan verankert werden. Dadurch wird Feedback institutionalisiert. Für den Unterrichtsalltag abschließend noch ein paar Tipps zur Vergabe eines Feedbacks:

- Seien Sie immer wertschätzend, verwenden Sie Du-Botschaften sparsam.
- Geben Sie Feedback möglichst zeitnah.
- Nutzen Sie den »not-yet-effect« (»das kannst du noch nicht«).
- Zeigen Sie konkret auf, wie es möglich ist, zum Soll-Zustand zu gelangen.
- Geben Sie klares und einfaches Feedback.
- Planen Sie formatives Feedback fest in Ihre Unterrichtsreihe ein.
- Zeigen Sie sich offen für Kritik an Ihrem Handeln.
- …

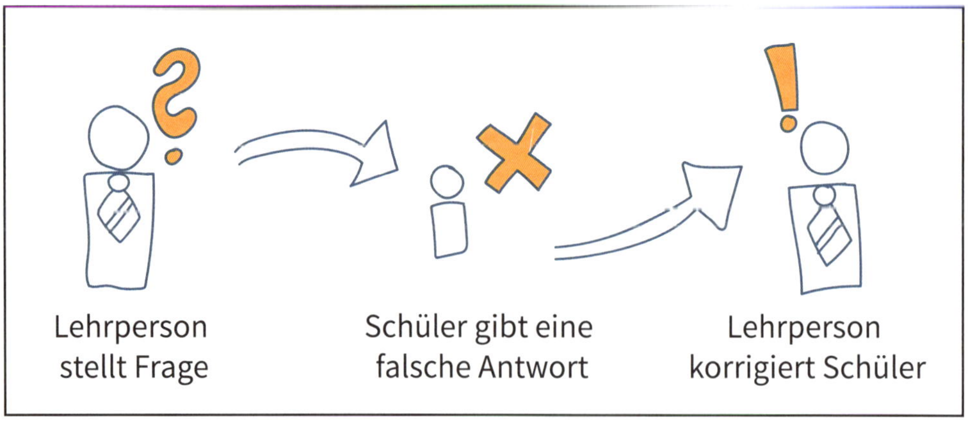
Lehrperson stellt Frage
Schüler gibt eine falsche Antwort
Lehrperson korrigiert Schüler

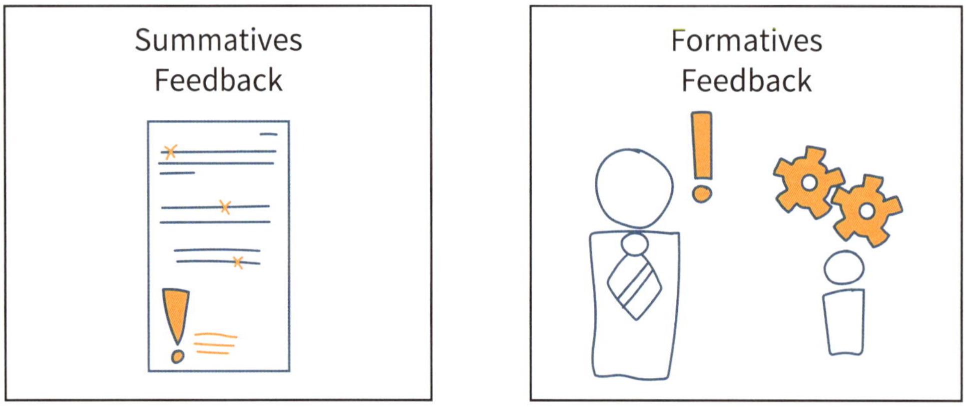
Summatives Feedback
Formatives Feedback

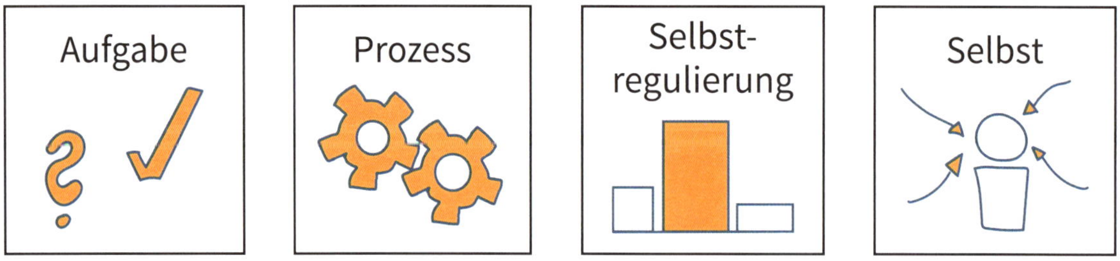
Aufgabe
Prozess
Selbst-regulierung
Selbst

Gedächtnis

Lernen und »Gedächtnis« sind untrennbar miteinander verbunden. Es ist die Schaltzentrale des menschlichen Lebens und für die Schule von entscheidender Bedeutung. Sollen doch schulische Inhalte genau dort abgespeichert und für das spätere Leben zur Verfügung gestellt werden. Vokabeln einer Fremdsprache oder mathematische Formeln sollten dort ebenso abgespeichert werden wie Bewegungsabläufe oder Daten der Geschichte. Genau hier kommt das Gedächtnis ins Spiel.

Sehr vereinfacht bezeichnet das Gedächtnis die Fähigkeit, Informationen aufzunehmen, zu speichern und später wieder abzurufen. Man unterscheidet zwischen einer *zeitabhängigen* und *inhaltsabhängigen* Betrachtung.

Inhaltsbezogen ist zwischen einem *deklarativen* und *nicht-deklarativen Gedächtnis* zu unterscheiden. Das *nicht-deklarative Gedächtnis* ist unbewusst. Es besteht etwa aus einfachen, mechanisch erlernten motorischen Ablaufmustern (z. B. Fahrradfahren). Innerhalb des *deklarativen* oder *bewussten Gedächtnisses* wird zwischen dem episodischen und dem semantischen Gedächtnis unterschieden. Im episodischen Gedächtnis werden Ereignisse der eigenen Lebensgeschichte abgelegt, zum Beispiel Erinnerungen an den ersten Schultag oder das Menü am Vorabend. Das semantische Gedächtnis speichert das Weltwissen einer Person. Es enthält das Wissen über Sprache, Fakten oder Konzepte (ebd.)

Die zeitabhängige Betrachtung erklärt die Aufnahme und Verarbeitung von Informationen mithilfe eines Modells der Gedächtnisspeicher (Gage & Berliner 1996, S. 280 ff.). Insgesamt gibt es drei Speicher.

- *Ultrakurzzeit-Gedächtnis:* In diesem Speicher kommen die Reize der Umwelt im Gehirn an. Er ist wie eine Eingangspforte, an der entschieden wird, ob dem Reiz weitere Beachtung geschenkt wird. Die Kapazität des Ultrakurzzeit-Gedächtnisses ist nahezu unbegrenzt. Allerdings werden Reize nur für einen sehr kurzen Moment festgehalten und dann entweder vergessen oder an den nächsten Speicher weitergegeben. Diese Prozesse laufen zum Großteil unbewusst ab.
- *Kurzzeit- oder Arbeitsgedächtnis:* In diesem Speicher erfolgt dann die genauere Zuwendung zu einem Reiz. Das Kurzzeit- oder Arbeitsgedächtnis ist das bewusste Gedächtnis. Die Kapazität dieses Speichers ist auf sieben Sinneinheiten begrenzt (ebd., S. 281).
- *Langzeitgedächtnis:* Nach mehreren Wiederholungen von Informationen kommt es zu einer Übertragung in das Langzeitgedächtnis. Dieses hat eine nahezu unbegrenzte Speicherkapazität. Was dort abgelegt wird, wird fast nie mehr vergessen. Allerdings ist der Abruf von Informationen je nach gewähltem Zugang oder Situationsbedingungen zuweilen nicht möglich.

Wenn Informationen lange oder für immer behalten werden sollen, gibt es für die Lehrkraft zwei Aspekte zu beachten:

- Häufige Wiederholungen, auch in anderen Kontexten.
- Darbietung des zu lernenden Inhaltes mit Aktivierung der Gefühlsebene. Der Unterricht sollte demnach eine besondere → **Schüler:innenorientierung** aufweisen.

Auch das sogenannte *Metagedächtnis* spielt eine Rolle. Es bezeichnet das Wissen über Gedächtnisvorgänge. Mittlerweile ist gut erforscht, dass aktive und bewusste Interpretationen neu eingehender Informationen einen großen Einfluss auf Behaltensleistungen haben. Grundsätzlich lässt sich zwischen zwei Arten von *Metagedächtnis* unterscheiden (Oerter & Montada 2008, S. 492 f.).

- *Deklaratives Metagedächtnis* bezeichnet das Wissen über Gedächtnisvorgänge. Dieses Wissen betrifft Personen-, Aufgaben und Strategiemerkmale.
- *Prozedurales Metagedächtnis* bezeichnet das Wissen über Regulations- und Kontrollmöglichkeiten des Gedächtnisses.

Aus dieser Unterscheidung lässt sich für die Unterrichtspraxis ableiten, dass es sehr gewinnbringend sein kann, mit den Lernenden zusammen Lernstrategien anzuwenden und zu reflektieren.

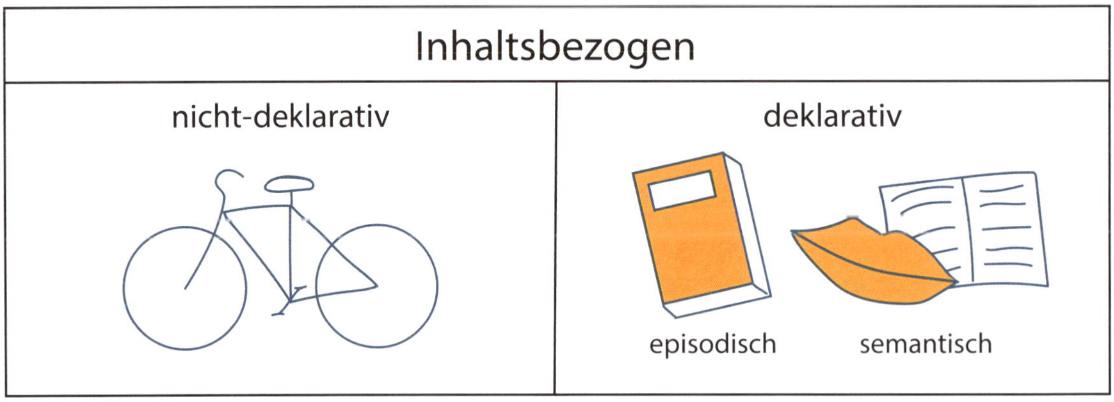
Inhaltsbezogen
nicht-deklarativ
deklarativ
episodisch
semantisch

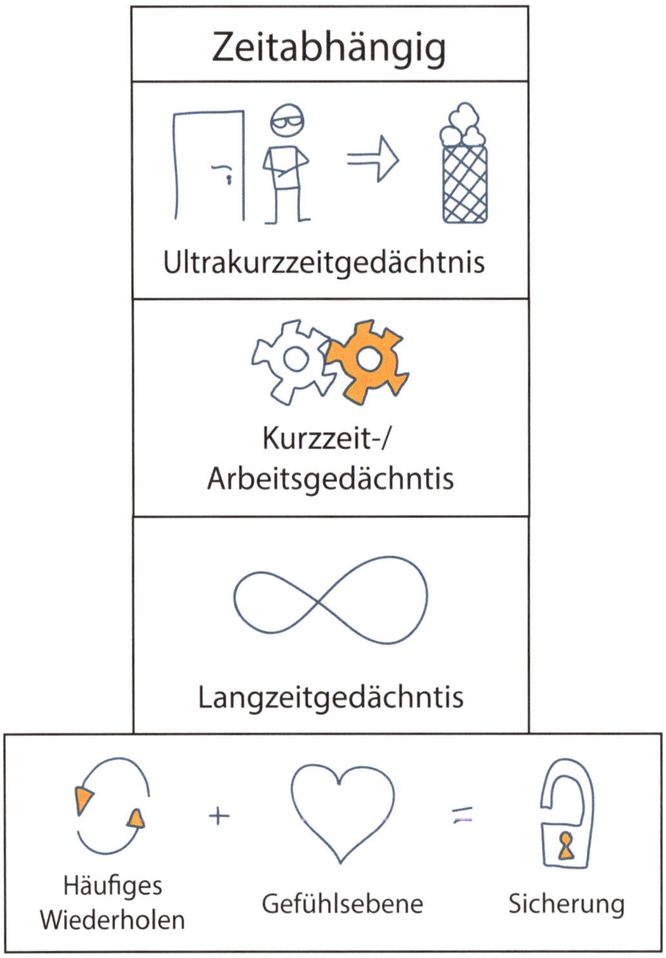
Zeitabhängig
Ultrakurzzeitgedächtnis
Kurzzeit-/
Arbeitsgedächtnis
Langzeitgedächtnis
Häufiges
Wiederholen
+
Gefühlsebene
=
Sicherung

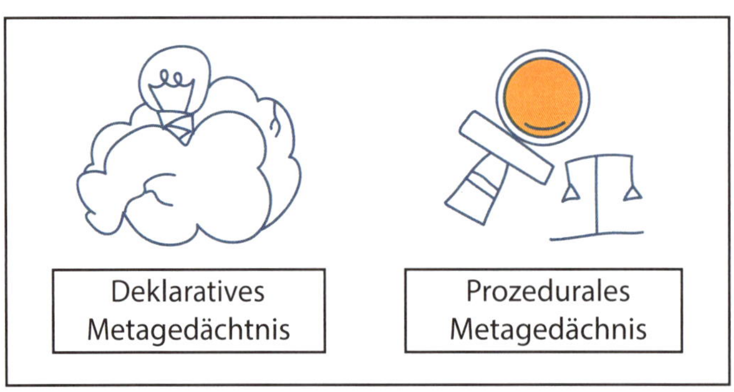
Deklaratives
Metagedächtnis
Prozedurales
Metagedächnis

Gesprächsführung

Die Führung von Unterrichtsgesprächen in der Schule gehört zu den anspruchsvollsten Aufgabe einer Lehrkraft. In der didaktischen Literatur gibt es verschiedene Vorschläge zur Strukturierung der Arten von Unterrichtsgesprächen (etwa Bittner 2006; Gudjons 2007; Orth 2009; Schneider & Draken 2020). Gemeinsam ist allen Vorschlägen, dass das Maß an Lenkung durch die Lehrperson eine Übersicht ermöglicht. Danach lassen sich grundsätzlich drei Formen unterscheiden (Schmoll 2021, S. 9).

- *Gelenkte Unterrichtsgespräche:* Diese sind dadurch gekennzeichnet, dass die Lehrkraft die Gesprächsleitung übernimmt. Sie entscheidet, wer zu Wort kommt, sie gibt Rückmeldung und stellt Fragen.
- *Kontroverse Unterrichtsgespräche:* Diese sind offener als gelenkte Unterrichtsgespräche. Es gelten zwar klare Regeln, die Lehrkraft hält sich aber mehr oder weniger stark zurück. Im Zentrum steht häufig eine kontroverse Leitfrage.
- *Formen des Brainstormings:* Diese sind eigentlich keine echten Gespräche. Die Lernenden haben in dieser Form die Gelegenheit, ihre Gedanken frei zu äußern, ohne dass diese kommentiert werden.

Das gelenkte Unterrichtsgespräch ist für die Lehrkraft in der Durchführung die komplexeste Form. Aus den vorhandenen Publikationen lassen sich acht zentrale Gelingensbedingungen ableiten (ebd., S. 22 f.).

1. *Positive und offene Grundeinstellung:* bezieht sich auf die Haltung der Lehrkraft im Gespräch. Diese sollte auch für abweichende Aussagen der Lernenden immer positiv, offen und flexibel bei der Durchführung sein.
2. *Gesprächsregeln sind klar und werden eingehalten:* bezieht sich auf vorhandene und von allen Akteuren abgestimmte Klassen- und Gesprächsregeln. Die Lehrkraft achtet auf die Einhaltung der Regeln und sanktioniert bei Regelverstößen nach vorher vereinbarten Maßnahmen.
3. *Zieltransparenz:* bezieht sich auf die Klarheit für die Lernenden, warum die Lehrkraft sich mit der Klasse über den Gegenstand oder diese Fragestellung unterhält. Darüber hinaus sollte klar sein, wie Gesprächsergebnisse gesichert werden und was anschließend mit den Ergebnissen passiert.
4. *Fragen und Impulse werden zielführend eingesetzt:* bezieht sich auf alle verbalen und non-verbalen Impulse durch die Lehrkraft. Diese sind so einzusetzen, dass das Unterrichtsgespräch im Sinne des Lernziels verläuft. Die Lehrkraft stellt etwa Fragen, fasst Aussagen von Lernenden zusammen oder aktiviert die Mitarbeit. Fragen werden dabei im Idealfall mit Fachoperatoren (Verben) gebildet.
5. *Vermeidung von einem Echo durch die Lehrkraft:* bezieht sich auf den Verzicht von Wiederholungen von Aussagen einzelner Lernender, etwa wenn diese zu leise gesprochen haben. Ein Echo durch die Lehrkraft behindert deutlich, dass die Schüler:innen aufeinander eingehen. Eine Ausnahme bilden dabei die Fremdsprachen. Hier ist es zuweilen notwendig, dass die Lehrkraft eine Aussage mit der richtigen Aussprache wiederholt.
6. *Abwarten:* bezieht sich auf die Wartezeit nach einem Impuls durch die Lehrkraft. Im Schulalltag ist die Wartezeit häufig viel zu kurz und verhindert eine breitere Beteiligung. Tipp: Zählen Sie nach einer Frage im Kopf still bis drei.
7. *Namen der Lernenden kennen:* bezieht sich auf die Bedeutung, welche die richtige Ansprache der Lernenden für das → **Klassenklima** und die Disziplin hat. Tipp: Lernen Sie schnell die Namen auswendig und nutzen Sie zu Beginn einen Sitzplan.
8. *Drannehmen mit System:* bezieht sich auf die Beachtung einer ausgewogenen Beteiligung. Dabei ist die angesprochene Wartezeit sehr wichtig, da einzelne Schüler:innen häufig länger brauchen, um sich zu melden. Manchmal kann es auch sinnvoll sein, stillere Schüler:innen zu aktivieren und diese dranzunehmen, auch wenn diese sich nicht gemeldet haben.

Diese Gelingensbedingungen sind für kontroverse Unterrichtsgespräche ebenfalls von Bedeutung. Allerdings unterscheiden sie sich deutlich in der Durchführung. Im Idealfall hält sich die Lehrkraft bei der Gesprächsdurchführung möglichst stark zurück. Alle verschiedenen Arten kontroverser Gespräche haben gemein, dass eine tragfähige kontroverse Leitfrage für eine gelingende Umsetzung vorhanden sein muss.

Es lassen sich vier Arten kontroverser Unterrichtsgespräche unterscheiden (genauer ebd., S. 26 ff.).

- *Schüler:innendiskussion:* Diese Gesprächsform ist ein stark fachlich orientiertes Unterrichtsgespräch. In dieser Form kommt der Diskussionsleitung eine besonders wichtige Rolle zu, da diese ordnend fungiert, Impulse gibt und weitergehende Fragen stellt. Zumeist wird diese Rolle von der Lehrkraft besetzt.
- *Streitgespräch, Pro- und Contra- oder Podiumsdiskussion:* Diese Gesprächsform ist stark diskursiv angelegt. Die Lehrkraft nimmt in der Regel eine möglichst passive Rolle ein. Die persönlichen Ansichten der Schüler:innen sollen explizit mit in die Kontroverse eingebracht werden. Das ist der Hauptunterschied zur Diskussion.
- *Amerikanische Debatte:* Diese Gesprächsform hat einen sehr genauen Ablauf, der strikt einzuhalten ist (genauer Gudjons 2007, S. 201).
- *Fishbowl:* Auch diese Gesprächsform hat einen vorher festgelegten Ablauf. Der Name leitet sich von der Organisation im Klassenraum ab, da die Hälfte der Lerngruppe in einem Innenkreis (Aquarium) sitzt und diskutiert. Die andere Hälfte sitzt außerhalb und beobachtet zunächst. Im Bedarfsfall können einzelne Schüler:innen anzeigen, dass sie in den Innenkreis wechseln wollen.

Die letzte Form von Unterrichtsgesprächen sind Arten des Brainstormings (dt. Gedankensturm). Brainstorming ist die offenste Form von Unterrichtsgesprächen und streng genommen gar kein Gespräch, da vor allem Einzelaussagen der Schüler:innen gesammelt werden. Die Lehrkraft hat hier die Aufgabe, die Aussagen zu sichern und sich ansonsten herauszuhalten. In keinem Fall dürfen Aussagen kommentiert oder gar beurteilt werden.

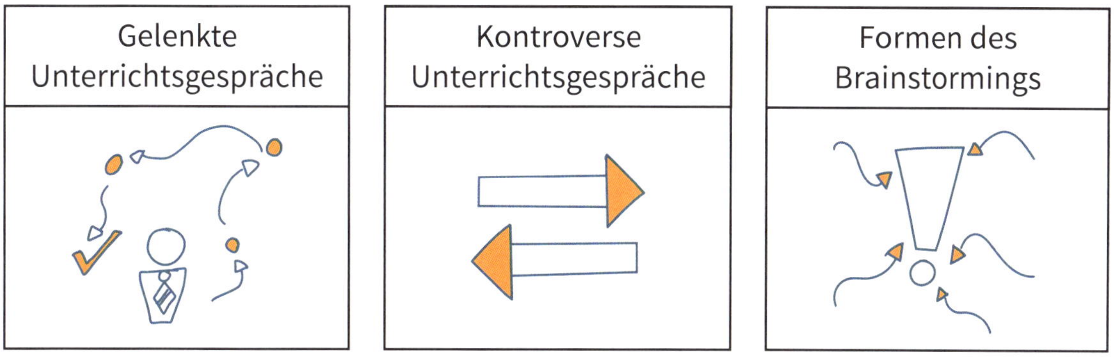
Gelenkte Unterrichtsgespräche
Kontroverse Unterrichtsgespräche
Formen des Brainstormings

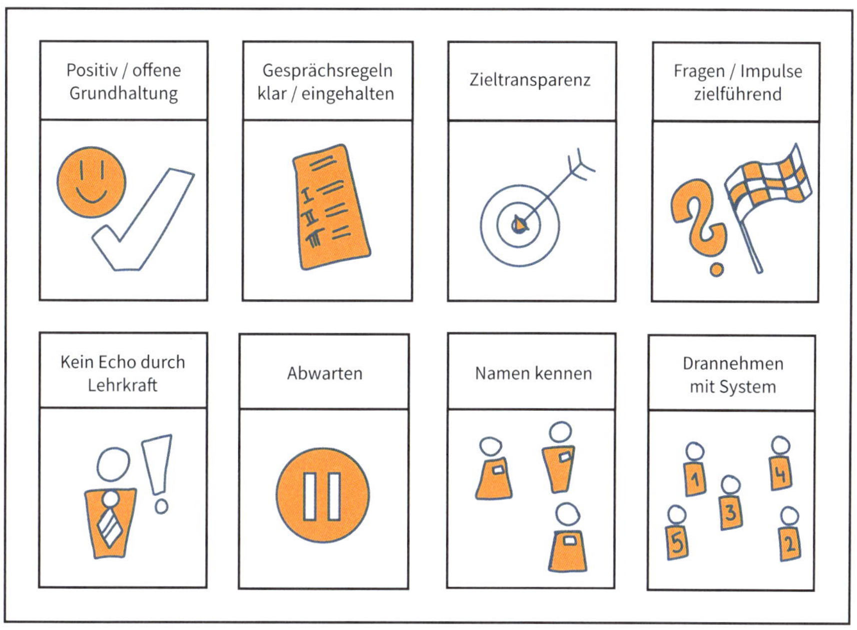
Positiv / offene Grundhaltung
Gesprächsregeln klar / eingehalten
Zieltransparenz
Fragen / Impulse zielführend
Kein Echo durch Lehrkraft
Abwarten
Namen kennen
Drannehmen mit System

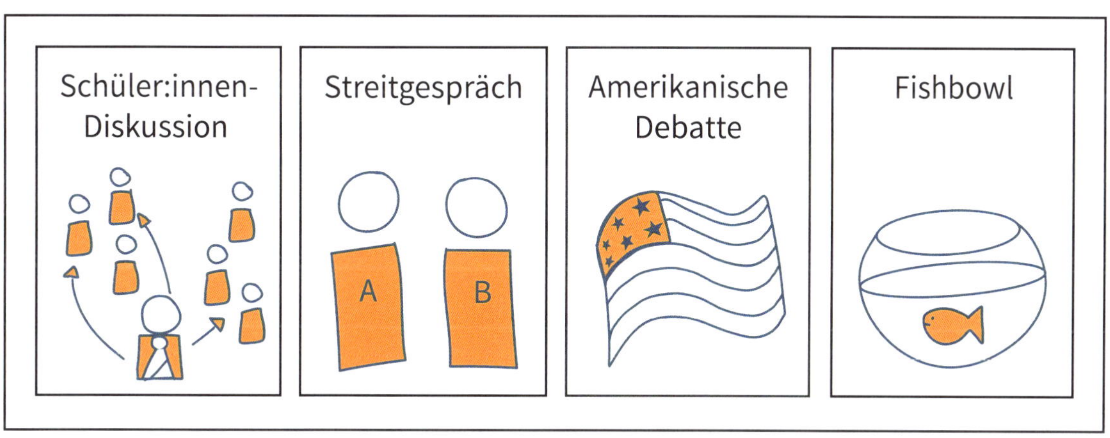
Schüler:innen-Diskussion
Streitgespräch
A
B
Amerikanische Debatte
Fishbowl

Hausaufgaben

Hausaufgaben sind untrennbar mit Schule und Unterricht verbunden und Auslöser so mancher Konflikte im häuslichen Umfeld. Dabei gibt es an nicht wenigen Schulen schon lange keine Hausaufgaben mehr. Gebundene Ganztagsschulen dürfen aufgrund der Länge des Schultages keine Hausaufgaben mehr aufgeben. Stattdessen gibt es sogenannte Lernzeiten, in denen die Lernenden unter Aufsicht Aufgaben für die nächsten Tage zu erledigen haben. Der gebundene Ganztag kann daher auch eine mögliche Antwort auf die vielfach festgestellte Bildungsungerechtigkeit sein. Denn viele Schüler:innen haben im häuslichen Umfeld keine idealen Lernbedingungen oder Unterstützung.

Kohler (2017) und Standop (2013) bieten einen Überblick über Publikationen und Forschungen zum Thema Hausaufgaben. Darin wird deutlich, dass es keine klaren Ergebnisse zur Effektivität von Hausaufgaben gibt (Kohler 2013, S. 6). Das ist ein eher ernüchterndes Ergebnis. Hausaufgaben lassen sich nach Kohler (ebd., S. 7) wie folgt definieren.

> »Hausaufgaben sind Aufgabenstellungen, die eine Lehrkraft auf der Grundlage didaktischer Zielsetzungen erteilt und die von den Schülerinnen und Schülern in der Regel außerhalb des Unterrichts in mündlicher, schriftlicher oder praktischer Form sowie in Einzel-, Partner- oder Gruppenarbeit zu bearbeiten sind«.

Diese Definition enthält bereits wichtige Hinweise zum Umgang mit Hausaufgaben für die Praxis. Zunächst sind Hausaufgaben nicht in der Schule zu erledigen. Es sind auch mündliche Hausaufgaben möglich, aber je nach Alter der Lernenden meines Erachtens nicht unbedingt zielführend. Wie sagte mal ein Schüler der Klasse 7: »Mündliche Hausaufgaben sind für mich keine Hausaufgaben!«

Dass Hausaufgaben auch in Partner- oder Gruppenarbeit möglich sind, mag im ersten Moment überraschen. In Zeiten funktionierender Lern-Management-Systeme ist es aber ohne weiteres möglich, dass die Lernenden auch außerhalb der Schule digital miteinander arbeiten. Grundsätzlich muss die Lehrkraft bei der Erteilung von Hausaufgaben bestimmte Dinge beachten. In Anlehnung an Kohler (2011; 2017) möchte ich folgende Tipps für die Erteilung und Kontrolle von Hausaufgaben geben. Hausaufgaben sollten:

- fachdidaktisch begründet sein,
- klar verständlich und transparent im Unterricht gestellt werden,
- angemessen schwer sein und eventuell Hilfestellungen enthalten,
- nicht nur aus Prinzip gestellt werden,
- niemals als Bestrafung eingesetzt werden,
- von der zeitlichen Länge altersangemessen sein,
- im Rahmen eines Hausaufgabenkonzepts bezüglich des Umfangs abgestimmt sein,
- abwechslungsreich sein,
- zumindest in der Sekundarstufe I nicht benotet werden,
- regelmäßig kontrolliert werden,
- deutlich in den Unterricht integriert werden,
- Anlass für Anerkennung einzelner Schüler:innen bieten,
- regelmäßig mithilfe der Schüler:innen und der Eltern evaluiert werden.

Den letzten Punkt halte ich für sehr wichtig, um sich über Schwierigkeiten bei den Hausaufgaben zu informieren. Führen Sie regelmäßig Schüler:innen- und Elternfeedback durch oder sprechen Sie das Thema bei Elternabenden an, wenn Sie Klassenlehrkraft sind. Darüber hinaus sollten Sie bei der Hausaufgabenkontrolle streng sein. Es darf nicht passieren, dass die Schüler:innen die Haltung entwickeln, keine Hausaufgaben machen zu müssen, da diese ohnehin nicht kontrolliert werden oder im Unterricht keine Rolle spielen.

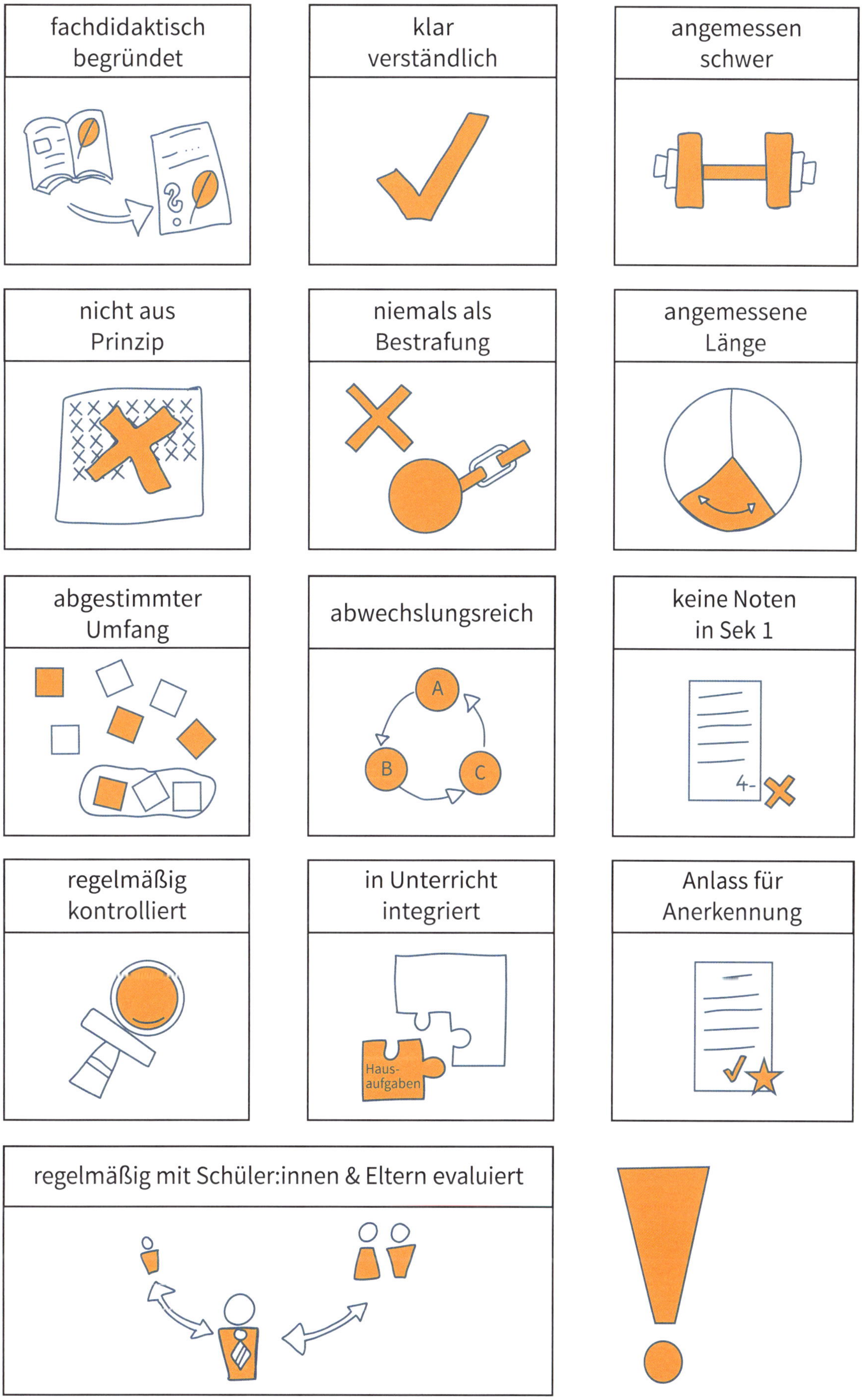
fachdidaktisch begründet
klar verständlich
angemessen schwer
nicht aus Prinzip
niemals als Bestrafung
angemessene Länge
abgestimmter Umfang
abwechslungsreich
A
B
C
keine Noten in Sek 1
4-
regelmäßig kontrolliert
in Unterricht integriert
Haus-aufgaben
Anlass für Anerkennung
regelmäßig mit Schüler:innen & Eltern evaluiert

Klassenführung

Es gibt kaum eine Kompetenz, die für Lehrkräfte von größerer Bedeutung ist als die Klassenführung (engl. *classroom management*). Es ist vor allem für die nachhaltige Gesundheit der Lehrkräfte im Beruf sehr wichtig, dass die jeweilige Lerngruppe gut »geführt« wird. Ich möchte den Begriff folgendermaßen definieren:

> »Klassenführung bezeichnet auf der Grundlage zuvor vereinbarter Regeln und Ordnungsstrukturen die Gesamtheit des präventiven Handelns der Lehrperson, mit dem Ziel, die Errichtung und Aufrechterhaltung von lernwirksamen Kommunikationsstrukturen zu gewährleisten. Klassenführung bezeichnet darüber hinaus die sinnvolle Intervention bei auftretenden Unterrichtsstörungen durch die Lehrkraft, welche den Unterrichtsfluss so wenig wie möglich unterbricht«.

Als Startpunkt kann eine Studie aus den USA angesehen werden. Mitte der 1970er Jahre forschte der amerikanische Pädagoge Jacob Kounin zu Fragen der Wirksamkeit von Disziplinierung. Nach einigen Studien ohne brauchbare Ergebnisse änderte die Gruppe um Kounin ihre Ausrichtung und beobachtete das Verhalten der Lehrkräfte, bevor eine Unterrichtsstörung auftrat (vgl. Kounin 1976). Die Ergebnisse waren verblüffend und führten Kounin und seine Forschungsgruppe zu den fünf Hauptdimensionen störungspräventiven Verhaltens von Lehrpersonen (genauer Nolting 2002, S. 33 ff.).

- *Reibungslosigkeit und Schwung* (engl. smoothness) meint, dass die Lehrkraft jede unnötige Unterbrechung vermeidet. Kleinere Störungen werden quasi nebenbei behoben. Interventionen sind so kurz wie möglich. Des Weiteren ist darauf zu achten, dass der Unterricht keine sachlogischen Brüche aufweist.
- *Allgegenwärtigkeit oder Präsenz* (engl. withitness) meint, dass die Lernenden das Gefühl haben müssen, dass ihre Lehrkraft alles im Blick behält. Eine gute Bewegung im Raum (= Proxemik) erleichtert dies ungemein.
- *Überlappung* (engl. overlapping) meint, dass die Lehrkraft in der Lage ist, im Unterricht zwei Dinge gleichzeitig zu tun. Diese Dimension ist eng mit den ersten beiden verknüpft, da sie insbesondere dazu dient, den Unterrichtsfluss nicht zu unterbrechen (z. B. einem Unterrichtsbeitrag eines Schülers folgen und gleichzeitig einem anderen einen Gegenstand abnehmen).
- *Aufrechterhaltung des Gruppenfokus* meint, dass möglichst viele Lernende am Unterrichtsgeschehen beteiligt sind. Diese kollektive Mobilisierung wird etwa dadurch erreicht, dass möglichst alle Lernenden damit rechnen müssen, im Unterrichtsverlauf aktiv einen Beitrag zu leisten.
- *Programmierte* Überdrussvermeidung meint die Vermeidung negativer Emotionen. Zwar kann nicht jeder Unterricht gleichermaßen für alle spannend sein, aber ein schüler:innenorientierter (→) und motivierender (→) Unterricht ist auch eine wirksame Prävention von Unterrichtsstörungen.

Der Kernbegriff des gesamten Konzepts lautet: Unterrichtsfluss. Nach Jacob Kounins Studie fanden zahlreiche weitere Untersuchungen mit ähnlichem Design statt (Good & Brophy 1997). Kounins Erkenntnisse wurden dabei vollständig bestätigt und um zwei Aspekte ergänzt.

- *Aufbau beständiger Ordnungsstrukturen:* Organisatorische Vorbereitungen zur problemlosen Unterrichtsdurchführung (z. B. Auslage von Arbeitsmaterial).
- *Regeleinführung:* Den Lernenden ist klar, welche Verhaltensregeln und welche Verfahrensregeln während des Unterrichts gelten (etwa, wenn ich etwas sagen möchte, dann melde ich mich und spreche erst, wenn die Lehrkraft mir das Wort erteilt) (genauer Nolting 2002, S. 44 f.; Eichhorn 2015, S. 44).

Zu einer funktionierenden Klassenführung gehört auch, dass klar ist, welche Stoppsignale gelten und wann welche Sanktionen bei Regelübertretungen greifen (Intervention). Hier sind meines Erachtens die Lehrkräfte gefordert, eine Null-Toleranz-Haltung gegenüber Regelübertretungen zu entwickeln.

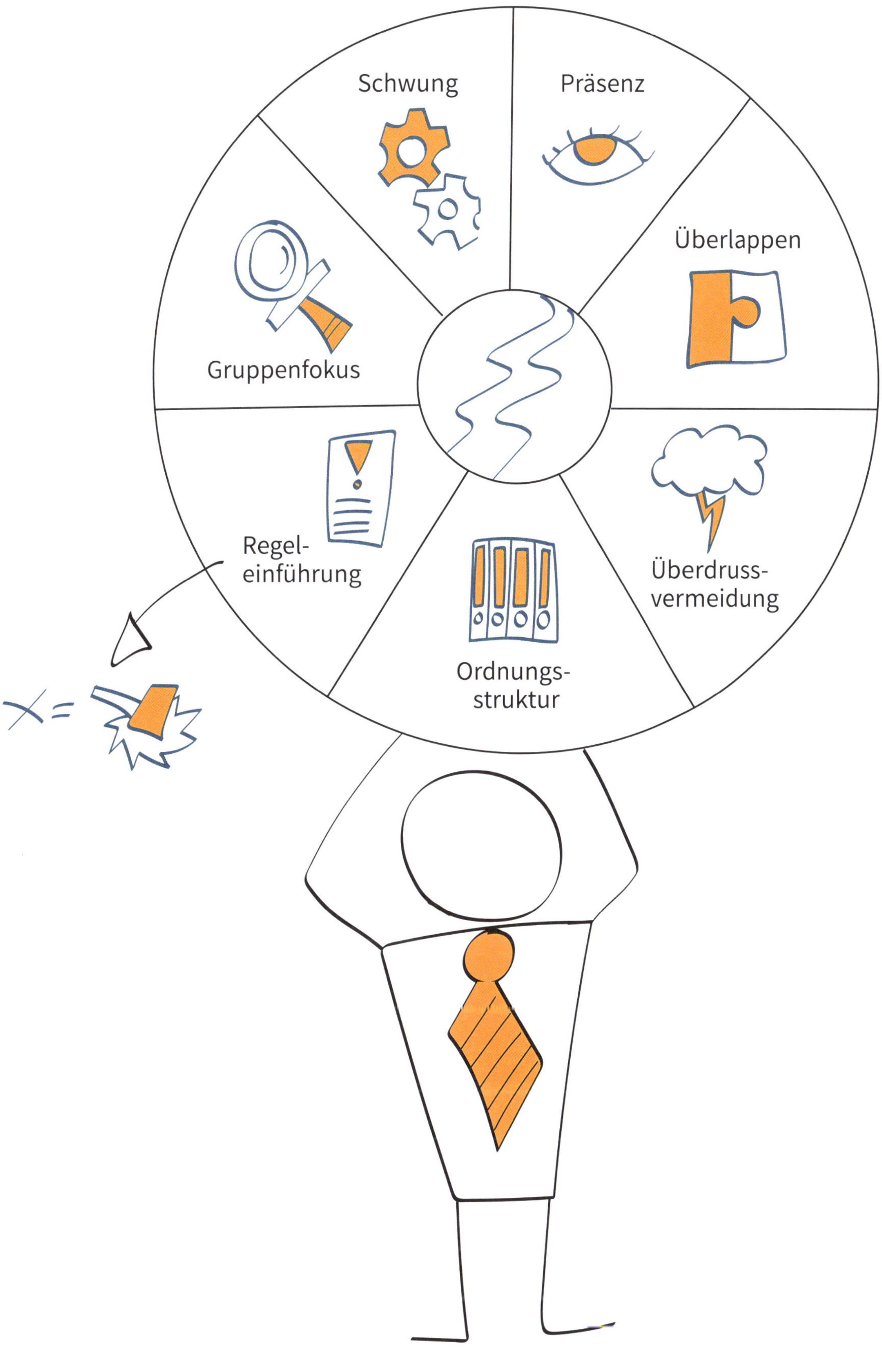
Schwung
Präsenz
Überlappen
Überdruss-
vermeidung
Ordnungs-
struktur
Regel-
einführung
Gruppenfokus

Klassenklima

»Ein Kind, das mit Angst in die Schule geht und sich im schulischen Umfeld nicht wohlfühlt wird nur wenig lernen«. Dieser Satz umreißt den Komplex eines *lernförderlichen Klimas* oder Klassenklimas sehr anschaulich. Der Begriff lässt sich in Anlehnung an Eder (1996, S. 26) folgendermaßen definieren:

> »Lernförderliches Klima ist die subjektiv wahrgenommene Konfiguration wesentlicher Elemente des (erzieherischen) Verhältnisses zwischen Lehrkraft und Lernenden, sowie das Verhältnis der Schüler:innen untereinander und zu der jeweiligen Lernumwelt im Klassenraum«.

Abzugrenzen ist der Begriff vom Schulklima, der sich auf die gesamte Organisationseinheit der Institution Schule bezieht. Insbesondere für die Leistungsbereitschaft der Schüler:innen spielt ein positives Klassenklima eine überragende Rolle (Meyer, Pfiffner & Walter 2007). Nach Meyer müssen Lehrkräfte drei Grundvoraussetzung mitbringen, um ein positives Klima zu erzeugen.

- *Selbstachtung* (besser: Selbstfürsorge) zielt darauf ab, dass Lehrkräfte auch für sich selbst sorgen müssen, dass sie etwa auf Erholungsphasen achten. Des Weiteren müssen Lehrkräfte mit sich selbst Geduld haben, selbstkritisch sein, aber sich auch Fehler verzeihen können.
- *Wechselseitiger Respekt* zielt darauf ab, dass die Lehrkraft ihren Schüler:innen mit Achtung, Respekt und Verantwortung begegnet. Nur dann kann sie dies auch von ihren Schüler:innen erwarten. Zentrale Bedingung ist die Fähigkeit, sich in die Schüler:innen hineinzuversetzen (Empathie).
- *Kooperationsbereitschaft* zielt auf die Teamarbeit ab. Die Lehrkräfte müssen in der Lage sein, von anderen zu Lernen und → **Feedback** anzunehmen. Das können andere Kollegen oder auch die eigenen Schüler:innen sein.

Darauf aufbauend lassen sich konkrete Merkmale formulieren (Helmke 2017; Meyer & Bülter 2004; Schmoll 2023).

- *Konstruktiver Umgang mit Fehlern:* Es sollte ein Klima herrschen, in dem es normal ist, Fehler zu machen. Die Lernenden nehmen dabei die Handlungen der Lehrkraft stets als gerecht wahr.
- *Entspannte Lernatmosphäre:* Das Klima sollte weder humorfrei, trocken, ernst und gedrückt noch exzessiv humorvoll und ausgelassen sein.
- *Überraschungsoffene Grundhaltung, Begeisterung und Vertrauen:* Die Lehrkraft bleibt neugierig auf die Schüler:innen, freut sich über ungewöhnliche Ideen und ist (häufig) begeistert von fachlichen Lernprozessen. Verantwortung wird, wenn immer möglich und sinnvoll, an die Lernenden abgegeben.
- *Abbau hemmender Leistungsangst:* Unterricht baut Ängste durch Sicherheit (z. B. transparente Leistungsbeurteilung), Wertschätzung, Freundlichkeit, offenes Sprechen über Angst, individuelles und ermutigendes → **Feedback** und Kooperation auf vielen Ebenen (z. B. Klassenrat) ab.
- *Unterrichtstempo und Wartezeiten sind angemessen:* Die Lehrkraft versucht, das Unterrichtstempo angemessen zu gestalten (z. B. die Drei-Sekunden-Regel nach einer Frage der Lehrkraft. Diese wartet so lange, bis eine Schülerin oder ein Schüler das Wort erteilt bekommt).
- *Regeln*: Schüler:innen brauchen und wollen Regeln. Es gilt gesunde Strukturen, Regeln und Grenzen festzulegen. Ohne solche → **Regeln** ist das Klassenzimmer kein sicherer Ort für die Lernenden. Dies kann durch die Nutzung sinnvoller → **Rituale** gestützt werden.

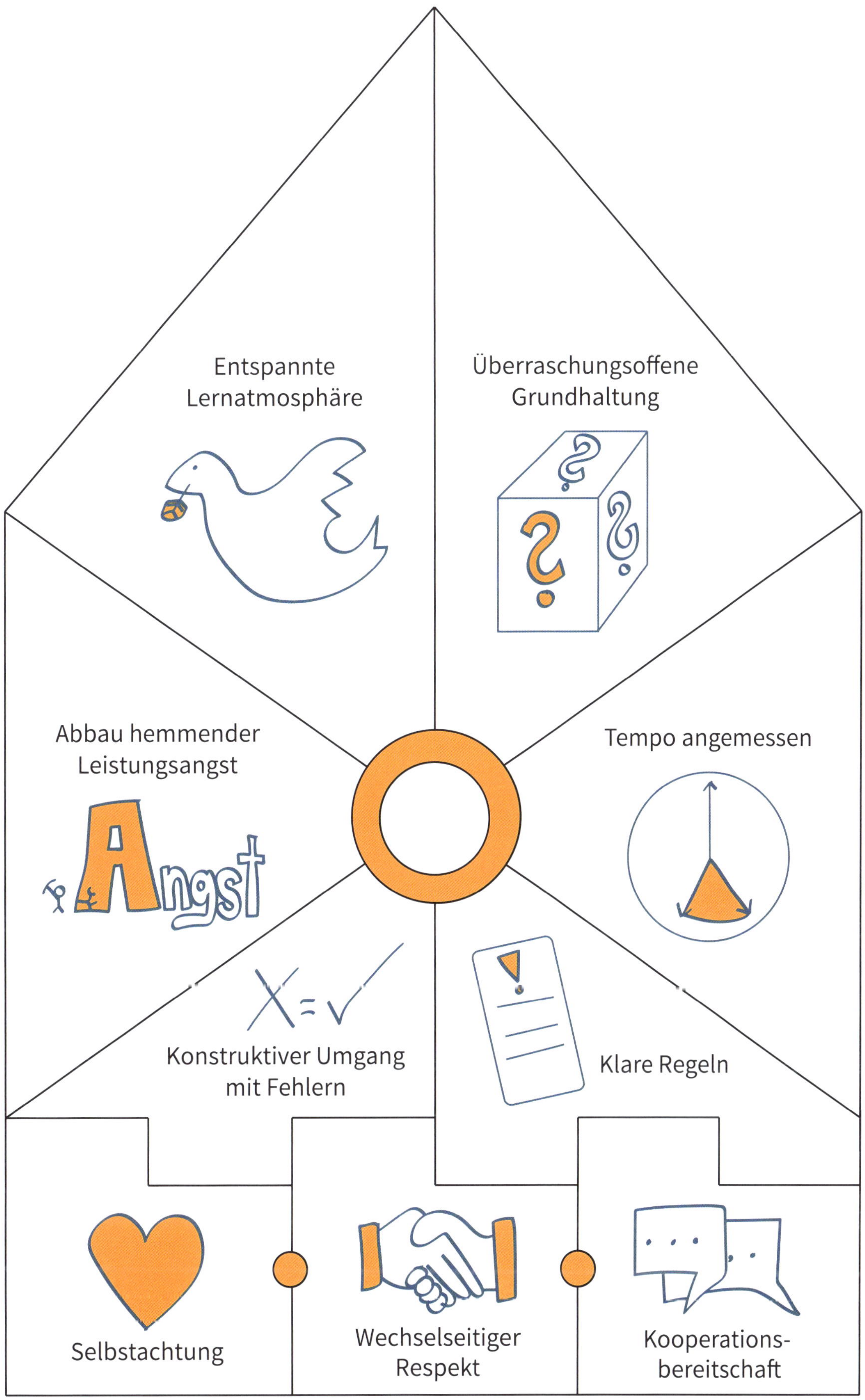
Entspannte Lernatmosphäre
Überraschungsoffene Grundhaltung
Abbau hemmender Leistungsangst
Angst
Tempo angemessen
X = ✓
Konstruktiver Umgang mit Fehlern
Klare Regeln
Selbstachtung
Wechselseitiger Respekt
Kooperationsbereitschaft

Kognitive Aktivierung

Der Begriff der kognitiven Aktivierung ist in der didaktischen Diskussion recht neu, aber gleichwohl nicht mehr wegzudenken, wenn es um Fragen der Unterrichtsqualität geht. Und das ist gut so. Betrachten wir eine alltägliche Unterrichtsstunde: Die Lehrkraft hat eine Aufgabe erteilt. Die Lernenden bearbeiten diese in Partnerarbeit. Die Lehrkraft hat sich etwas zurückgezogen, sitzt am Pult und beobachtet. Die Lernenden unterhalten sich im Flüsterton. Von außen betrachtet ist das erst einmal eine normale Situation in der Schule, allerdings nur an der *Oberfläche*. Was aber passiert in den Köpfen der Schüler:innen? Wie läuft die Aufnahme und Verarbeitung der Aufgabe ab? Wie sind die *Tiefenstrukturen* zu bewerten?

Die Unterscheidung zwischen oberflächlicher (*surface*) und tiefer (*deep*) Verarbeitung von Informationen wurde erstmals zu Beginn der 1970er Jahre im Bereich der Gedächtnisforschung vorgenommen (Craik & Lockhart 1972). Eine tiefe Wissensverarbeitung bedeutet besseres Behalten im → **Gedächtnis** und besseren Transfer auf andere Lernsituationen. Und genau hier setzt der Begriff der kognitiven Aktivierung an. Klieme (2006, S. 769 f.) definiert kognitive Aktivierung folgendermaßen:

> »Kognitive Aktivierung ist der systematische Aufbau von Wissen und das Verstehen durch die aktive mentale Auseinandersetzung mit den Lerninhalten«.

Anders ausgedrückt ist Aktivität nicht gleich kognitive Aktivität. Im ungünstigsten Fall, so Heymann (2015, S. 6), lassen sich gut gemeinte Aktivierungen und damit ein äußerlicher Aktivismus beobachten, der eigentlich aber inhaltlich leer läuft. Die zentrale Frage ist demnach, wie es Lehrpersonen gelingen kann, durch eigenes Handeln die Wahrscheinlichkeit zu erhöhen, bei den Lernenden eine kognitive Aktivität auszulösen (Albers 2021, S. 7). Bei der Realisierung eines kognitiv aktivierenden Unterrichts sind nach Fauth und Leuders (2018, S. 3 ff.) drei W-Fragen besonders zu beachten.

- *Wohin:* Die Lehrkraft fokussiert die angestrebten fachspezifischen Lernziele. Dabei sind besonders die Elemente in den Blick zu nehmen, die verstanden und abgespeichert werden sollen. Es sind mögliche Schwierigkeiten zu analysieren und etwaige Unterstützungsmaßnahmen zu planen.
- *Woher:* Es wird nach Möglichkeit an bestehendes Wissen und das Niveau der Schüler:innen angeknüpft. An welche Lernausgangslagen kann ich anknüpfen? Die Einstellung zum Lerngegenstand und Fach spielen ebenfalls eine Rolle. Des Weiteren werden möglichst konkrete Alltags- und Lebensweltbezüge in Gegenwart und Zukunft hergestellt.
- *Wie:* Es werden Lernprozesse ermöglicht, die eine vertiefte Auseinandersetzung mit dem Lerngegenstand erlauben. Hierzu gehören etwa das Herstellen von Zusammenhängen, das Auseinandersetzen mit Problemstellungen oder die Integration von erworbenem Wissen in vorhandene Wissensbereiche.

Eine solche kognitive Aktivierung funktioniert natürlich am ehesten in einem eher offenen und problemorientierten Lernsetting. Im Zentrum der Betrachtung stehen die Aufgaben. Kunter und Trautwein (2013, S. 87) formulieren mögliche Merkmale kognitiv aktivierender → **Aufgaben**.

Gute Aufgaben:

- rufen einen kognitiven Konflikt hervor und sind nicht nur durch abrufbares Wissen zu lösen,
- haben nicht nur *eine* Lösung und erfordern Suchbewegungen,
- verknüpfen Bekanntes und wenden dieses auf Neues an,
- haben für die Lernenden einen Lebensweltbezug.

Die Autoren weisen darüber hinaus darauf hin, dass eine kognitiv aktivierende → **Gesprächsführung** ebenfalls von großer Bedeutung ist (ebd., S. 87). Dass ein solcher Unterricht nicht durchgängig in allen Fächern möglich ist, erscheint logisch. Mühlhausen (2015) weist darauf hin, dass auch ein stärker rezipierender Unterricht notwendig ist und dieser auch guter Unterricht sein kann.

W-Fragen		
Wohin?	Woher?	Wie?
	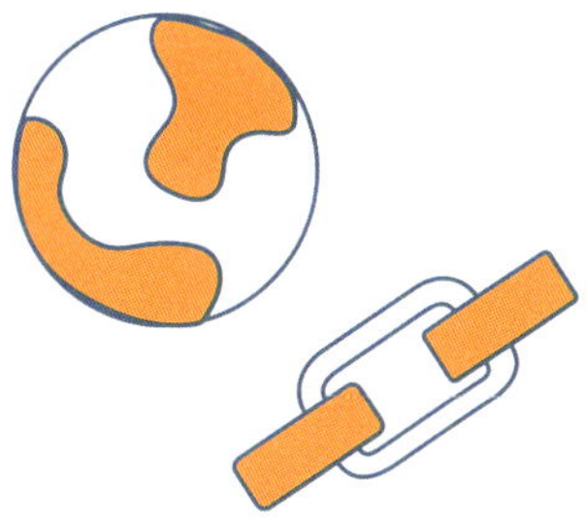	

Gute Aufgaben …	
lösen kognitive Konflikte	haben nicht nur eine Lösung
	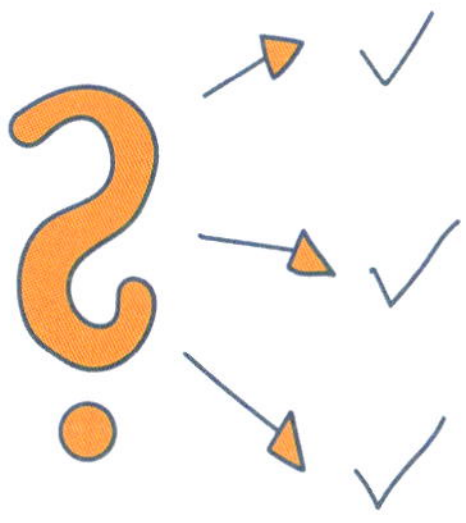
verknüpfen Bekanntes/ wenden Neues an	haben Lebensweltbezug
	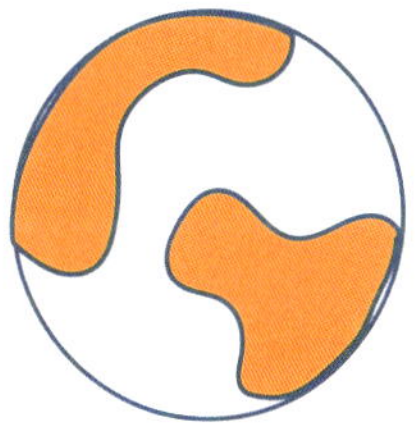

Kooperatives Lernen

Kooperatives Lernen ist seit längerem aus der didaktischen Diskussion nicht mehr wegzudenken (Huber 2008; Brüning & Saum 2009; 2009a; Borsch 2018; La Prova 2021). In den letzten Jahren mehren sich allerdings kritische Stimmen, die eine inflationäre und vor allem oberflächliche Nutzung des Konzepts anmahnen. Gleichwohl stützen Ergebnisse empirischer Unterrichtsforschung den Wert des kooperativen Lernens (u. a. gesteigerte Schüler:innenbeteiligung, Entwicklung von kognitiven Fähigkeiten auf höherem Niveau, Training sozialer Kompetenzen) (Rabenstein & Reh 2007).

Der Begriff des kooperativen Lernens hat acht zentrale Inhalte (Green & Green 2009, S. 44).

1. Kooperative Lernsettings basieren zwingend auf einer *positiven Abhängigkeit* unter den Gruppenmitgliedern. Die Ziele sind so zu strukturieren, dass die Schüler:innen sich um die Leistung aller Gruppenmitglieder genauso wie um die eigenen kümmern müssen.
2. Es gibt eine *klare individuelle Verantwortlichkeit*, was das Beherrschen des Stoffes bei den Schüler:innen angeht. Jede:r Lernende und jede Gruppe bekommt im Idealfall im Lernprozess ein → **Feedback** (z. B. zum Lernfortschritt oder der Art der Zusammenarbeit).
3. Die Gruppenmitglieder sind üblicherweise *heterogen zusammengesetzt*, was ihre Fähigkeiten und persönlichen Eigenschaften betrifft.
4. Alle Gruppenmitglieder *teilen die Verantwortung*, sich zu organisieren, und es gibt keinen formellen Leiter.
5. Die *Verantwortung* für das Vorwärtskommen aller wird *gemeinsam getragen*. Von den Gruppenmitgliedern wird erwartet, dass sie sich gegenseitig helfen und ermutigen, um zu gewährleisten, dass alle Mitglieder die gestellte Aufgabe erledigen.
6. Die Ziele bestehen sowohl darin, das Lernen jedes Einzelnen zu optimieren, als auch darin, *gute Arbeitsbeziehungen* untereinander *aufrechtzuerhalten*.
7. Die *sozialen Kompetenzen*, die die Schüler:innen brauchen, um zusammenzuarbeiten (wie Führung, Kommunikation, Vertrauensbildung und Konfliktmanagement), werden *direkt gelehrt*.
8. Die Lehrkraft *beobachtet* die Gruppen, *analysiert* die Probleme, die sie in der Zusammenarbeit haben, und *gibt* jeder Gruppe ein → **Feedback** darüber, wie gut die Zusammenarbeit funktioniert.

Insbesondere das erste Merkmal der *positiven gegenseitigen Abhängigkeit* ist besonders hervorzuheben. Damit ist gemeint, dass jedes Gruppenmitglied einen eigenen Lernbeitrag erarbeitet und jeder Lernbeitrag für das Bearbeiten der Aufgabe der Gesamtgruppe zwingend erforderlich ist. Dieses Merkmal unterscheidet das kooperative Lernen von einer eher klassischen Gruppenarbeit (→ **Sozialformen**). Johnson und Johnson (2006) fokussieren sich auf fünf zentrale Elemente für kooperatives Arbeiten.

1. Positive Abhängigkeit
2. Individuelle Verantwortlichkeit
3. Gegenseitige Unterstützung
4. Angemessener Einsatz sozialer Kompetenz
5. Reflexion der Gruppenprozesse

Es existieren mittlerweile eine Vielzahl unterschiedlicher Methoden zum kooperativen Lernen (z. B. Gruppenpuzzle, Placemate). In der Regel folgen die Methoden des kooperativen Lernens dem Grundmuster des sogenannten *Think – Pair – Share*. Dieses Grundmuster kann erweitert werden, wenn in der *Pair-Phase* zunächst eine Partner- und daran anschließend noch eine Gruppenphase durchgeführt wird. Es erfolgt vor der *Share*- demnach noch eine *Square-Phase*.

Hauptkritikpunkt am kooperativen Lernen ist die häufig fehlende Fehlerkontrolle während längerer Arbeitsphasen. So sieht die Grundform des Konzepts nicht zwingend eine zentrale Ergebnissicherung durch die Lehrkraft mit der gesamten Lerngruppe vor. Kooperatives Lernen setzt ja gerade auf eine Art *Peer-to-Peer-Tutoring*. Die Lehrkraft ist daher aufgefordert, geeignete Zwischensicherungen in kooperative Arbeitsphasen zu integrieren. Darüber hinaus muss der gewählte Gegenstand zum kooperativen Arbeiten passen; sonst werden Ahnungslose von Ahnungslosen unterrichtet.

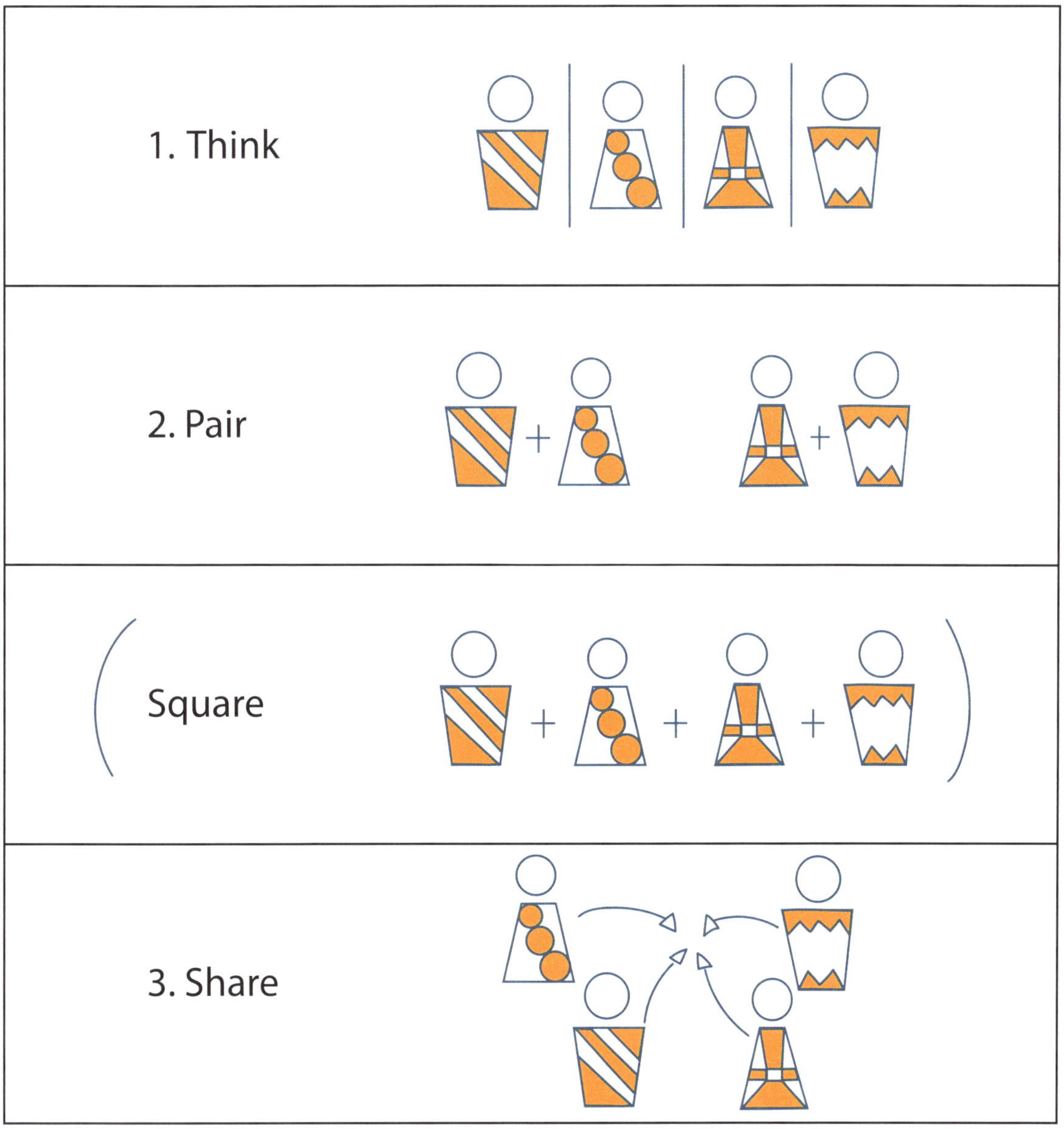
1. Think
2. Pair
Square
3. Share

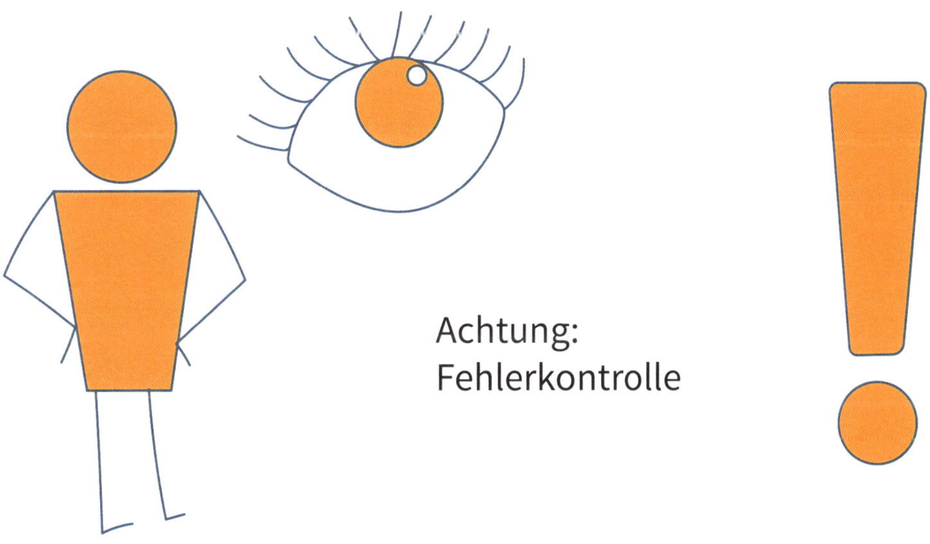
Achtung:
Fehlerkontrolle

Künstliche Intelligenz

Die Schule wird sich verändern (müssen), da die Lebenswelt aufgrund der Digitalität radikale Veränderungen vollzogen hat und vermutlich noch weitreichende Veränderungen vollziehen wird. Im Zentrum dieser Veränderungen steht auch die Künstliche Intelligenz (KI). Bewerbungen, Gebrauchsanleitungen, Gesundheits- und Finanztipps und einige mehr – die Anwendungsbereiche erscheinen grenzenlos. Die Beschäftigung mit KI im Bereich der Didaktik steht dabei noch am Anfang. Zwar existieren bereits zahlreiche Fortbildungsangebote zum Thema; erste Publikationen, die sich differenziert mit dem Thema auseinandersetzen, stehen allerdings erst am Anfang (vgl. etwa Falck 2024; König 2024). Schauen wir uns daher die Nutzung von KI im Bereich der Didaktik aus der Praxis heraus an. Folgendes Ergebnis erhielt ich auf Anfrage von einen Chatbot.

Die Didaktik beschäftigt sich mit der Lehre und dem Lernprozess. Hier sind einige wichtige didaktische Gedanken:

1. *Lernziele klar definieren:* Bevor man mit dem Unterricht beginnt, sollten klare Ziele festgelegt werden, die beschreiben, was die Lernenden am Ende des Unterrichts wissen oder können sollen.
2. *Differenzierung:* Jeder Lerntyp ist anders. Daher ist es wichtig, verschiedene Lernmethoden und -materialien anzubieten, um den individuellen Bedürfnissen der Schüler gerecht zu werden.
3. *Aktivierung von Vorwissen:* Neue Informationen werden effektiver vermittelt, wenn sie mit bereits vorhandenem Wissen verknüpft werden. Lehrer sollten daher den Lernprozess durch den Bezug auf bereits Bekanntes erleichtern.
4. *Anregung von Interesse und Motivation:* Motivierte Schüler sind besser in der Lage zu lernen. Es ist wichtig, den Unterricht interessant und relevant zu gestalten, um das Interesse der Schüler zu wecken und ihre Motivation aufrechtzuerhalten.
5. *Feedback geben:* Rückmeldungen sind entscheidend, um den Lernfortschritt zu unterstützen. Lehrer sollten regelmäßig Feedback geben, um den Schülern zu zeigen, was sie gut gemacht haben und wo noch Verbesserungsbedarf besteht.
6. *Aktives Lernen fördern:* Schüler lernen am effektivsten, wenn sie aktiv am Lernprozess teilnehmen. Lehrer sollten daher Methoden wie Gruppenarbeit, Diskussionen und praktische Übungen einsetzen, um das aktive Engagement der Schüler zu fördern.
7. *Reflexion und Metakognition:* Schüler sollten dazu ermutigt werden, über ihren eigenen Lernprozess nachzudenken und ihre Lernstrategien zu reflektieren. Dies hilft ihnen, effektiver zu lernen und sich selbstständig weiterzuentwickeln.
8. *Individualisierung des Lernens:* Jeder Schüler hat unterschiedliche Stärken, Schwächen und Lerngeschwindigkeiten. Lehrer sollten daher versuchen, den Unterricht so weit wie möglich an die individuellen Bedürfnisse jedes Schülers anzupassen.
9. *Kooperatives Lernen:* Die Zusammenarbeit mit anderen kann den Lernprozess unterstützen und das Verständnis fördern. Lehrer sollten daher Möglichkeiten schaffen, damit Schüler gemeinsam lernen und voneinander profitieren können.
10. *Lebenslanges Lernen fördern:* Der Lernprozess endet nicht mit dem Schulabschluss. Lehrer sollten ihre Schüler dazu ermutigen, lebenslang zu lernen und sich kontinuierlich weiterzubilden.

Ein Ergebnis, welches Ansätze von vielen in diesem Buch dargestellten Modellen und Theorien aufgreift. Ich halte alle zehn Aspekte für bedeutsam. Allerdings sind die Aspekte für die Unterrichtsplanung und Durchführung in Hinblick auf Reichweite und Aktualität unterschiedlich zu gewichten. Zumal das Ergebnis bei der gleichen Anfrage zu einem anderen Zeitpunkt ein anderes sein wird. Gleichwohl werden der Wert und die Nutzungsmöglichkeiten für Lehrkräfte auch durch dieses kleine Beispiel überdeutlich. Die Geschwindigkeit, mit der sich didaktische Fragen klären lassen, ist bemerkenswert. Allerdings bedarf es unbedingt einer gewissen Kritikfähigkeit und einer vertieften thematischen Auseinandersetzung bei der Nutzung.

Wichtig bei der Nutzung sind gute Anfragen, auch »Prompts« genannt. Der Prompt, der zu den zehn didaktischen Gedanken der KI geführt hat, lautete: »Erstelle mir eine Übersicht über die wichtigsten Gedanken der Didaktik«. Dieser Prompt ist noch weit entfernt von einem sogenannten Megaprompt. Ein solcher weist viel genauere Anweisungen auf. Für die Formulierung der Prompts lassen sich bei der Arbeit mit einer KI fünf einfache Tipps geben:

- Formulieren Sie Ihren Prompt so klar und präzise wie möglich.
- Geben Sie so viel Kontext wie möglich, damit die KI Ihre Anfrage besser versteht.
- Verfeinern Sie ihre Anfrage schrittweise.
- Integrieren Sie direkt ein Beispiel in ihre Anfrage (Few-Shot-Prompting).
- Weisen Sie der KI eine Rolle zu (Role-Prompting), indem Sie der KI zum Beispiel sagen, sie solle sich vorstellen, Experte zu sein.

Grundsätzlich muss festgehalten werden, dass sich die Schule und der Unterricht mit Künstlicher Intelligenz und deren Anwendungen auseinandersetzen müssen. Es gilt, möglichst oft mit den Schülerinnen und Schülern gemeinsam die Nutzungsmöglichkeiten für die Lernprozesse zu entdecken. Dabei können im Unterricht die Möglichkeiten und Grenzen der Künstlichen Intelligenz ausgelotet und kritisch hinterfragt werden. Das kann spannend sein und viel Freude bereiten.

Tipps zur Promt-Auswahl

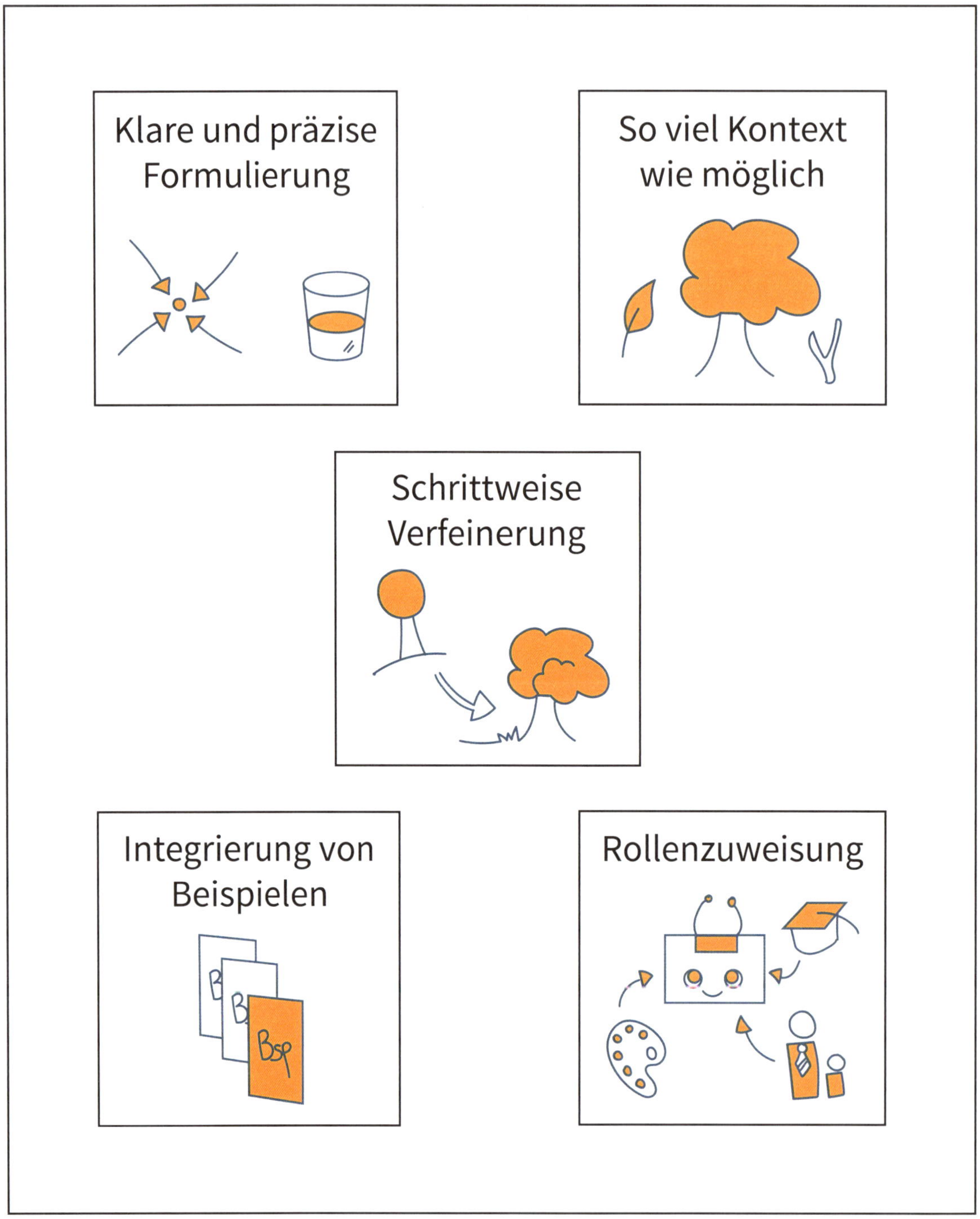

Lehrkräftevortrag und Erklären

Ein Vortrag durch eine Lehrperson hat keinen guten Ruf. Wird doch ein Lehrkräftevortrag häufig mit langweiligem Frontalunterricht gleichgesetzt. Dabei hat auch der Vortrag in Form einer darbietenden Rede unterschiedlicher Länge durch die Lehrperson seine Berechtigung im Unterrichtsalltag. Zwar werden dabei die Schüler:innen in eine passive zuhörende Rolle versetzt, allerdings können dadurch Sachinformationen oder Erklärungen sehr fokussiert vermittelt werden. Gudjons (2007, S. 53) zufolge sind beim Lehrkräftevortrag vier Punkte zu beachten:

- Das Hauptziel ist die Vermittlung von Informationen.
- Der Unterrichtsgegenstand ist mit anderen Materialien nicht zu vermitteln.
- Der Sachverhalt muss für die Lerngruppe in besonderer Weise dargestellt werden.
- Es soll eine thematische Orientierung gegeben werden, der weitere Lernaufgaben folgen.

Darüber hinaus hat ein Vortrag durch eine Lehrperson im Unterrichtsalltag den Vorteil, dass er sehr zeitökonomisch ist und häufig keine besondere Vorbereitungen bedarf. Allerdings fällt die Kompetenz eines guten Vortrags nicht vom Himmel und muss geübt werden, was in der Ausbildung angehender Lehrkräfte nicht immer ausreichend geschieht.

Die Vortragskompetenz muss also erst einmal ausgebildet werden. Folgende Tipps sind für Lehrkräfte wertvoll (genauer Schmoll 2021, S. 15).

- Beachten Sie die 10-Sekunden-Regel. Erlangen Sie sofort die Aufmerksamkeit der Lerngruppe, etwa durch eine rhetorische Frage.
- Formulieren Sie in einfachen und klaren Sätzen.
- Erzeugen Sie Emotionen, wenn es geht.
- Bauen Sie nach Möglichkeit Geschichten und Anekdoten ein.
- Vermitteln Sie klare Kernbotschaften.
- Achten Sie auf eine deutliche Aussprache und ein angemessenes Sprechtempo.
- Setzen Sie Pausen sinnvoll ein.
- Nutzen Sie Hilfsmittel mit Bedacht und kürzen Sie Präsentationen so weit wie möglich.
- Bewegen Sie sich passend zum Vortrag und nutzen Sie Körpersprache.
- Bauen Sie humoristische Teile in Ihren Vortrag ein, wenn es passt.

Etwas einfacher, aber sehr einprägsam formulieren Meyer und Junghans (2022, S. 293) für Lehrkräftevorträge die *L-K-K-Regel*. Diese besagt, dass der Vortrag *l*ebendig, *k*urz und *k*lar gegliedert sein sollte.

Häufig steht eine zentrale Kompetenz im Zentrum eines Lehrkräftevortrags: Das Erklären von Sachverhalten. Neben den Tipps zum Vortrag kommt es hier auf eine gute fachliche Grundlage an. Die Lehrkraft muss in der Lage sein, Sachverhalte anschaulich und einprägsam zu erklären. Getreu dem Satz von Einstein: »Wenn jemand eine Sache nicht einfach erklären kann, dann hat er diese noch nicht verstanden«.

Neben Anschaulichkeit und Verständlichkeit spielt auch die → **didaktische Reduktion** eine große Rolle. Die Lehrkraft muss entscheiden, an welchen Stellen (je nach Lerngruppe) eine Vereinfachung notwendig ist. In Anlehnung an Pauli (2015, S. 44 ff.) und Scheffel (2019, S. 14 f.) lassen sich folgende Aspekte guten Erklärens darlegen.

- *Sinnhaftigkeit:* Auch bei Erklärungen ist es wichtig, einen für die Lernenden erkennbaren Lebensweltbezug herzustellen.
- *Anschlussfähigkeit:* Im Vortrag sollten die Erklärungen, wenn immer möglich, an Vorwissen anknüpfen.
- *Fokussierung*: Im Vorfeld muss die Lehrperson für sich genau festlegen, was erklärt werden soll. Es gilt der Grundsatz: weniger ist mehr. Ein wichtiges Steuerungselement auch für die → **kognitive Aktivierung** kann eine zu Beginn formulierte Frage oder Problemstellung sein.
- *Nutzen von Vortragstechniken:* Hierzu sind die weiter oben stehenden Tipps zu beachten. Darüber hinaus können Repräsentationen wie etwa eine ›Concept Map‹ einen wichtigen Beitrag zum Lernerfolg leisten.

- *Anwendungsbezug:* Zeitnah sollte der Erklärung eine Anwendungsphase folgen.
- *Wiederholungen:* Der durch den Lehrkräftevortrag erklärte Sachverhalt muss regelmäßig wiederholt werden.

Einen Lehrkräftevortrag mit Erklärungen zu realisieren, wird zurecht als Basiskompetenz von Lehrpersonen bezeichnet. Zumal in Zeiten von YouTube und anderen Plattformen Erklärvideos die schulische Lebenswelt der Schüler:innen stark beeinflussen. Im Sinne einer schulischen Wirklichkeit im Zeitalter der Digitalität sind Lehrkräfte gefordert, ihren Beitrag zu leisten. Das eigenständige Erstellen von Erklärvideos, die dann zur Vorbereitung der Unterrichtsstunde angesehen werden, kann im Setting des *Flipped Classrooms* einen wichtigen Beitrag zum → **Lernen und Lehren im Zeitalter der Digitalität** darstellen.

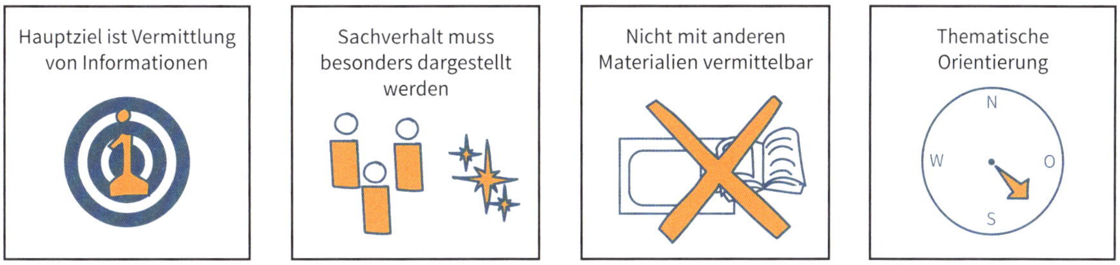
Hauptziel ist Vermittlung von Informationen
Sachverhalt muss besonders dargestellt werden
Nicht mit anderen Materialien vermittelbar
Thematische Orientierung
N
W
O
S

10-Sekunden-Regel
0
5
10
15
einfache, klare Sätze
Emotionen erzeugen
Geschichten einbauen
Kern-botschaften
deutliche Aussprache
sinnvolle Pausen
kürzen, wenn möglich
passende Körper-sprache
humorvolle Teile

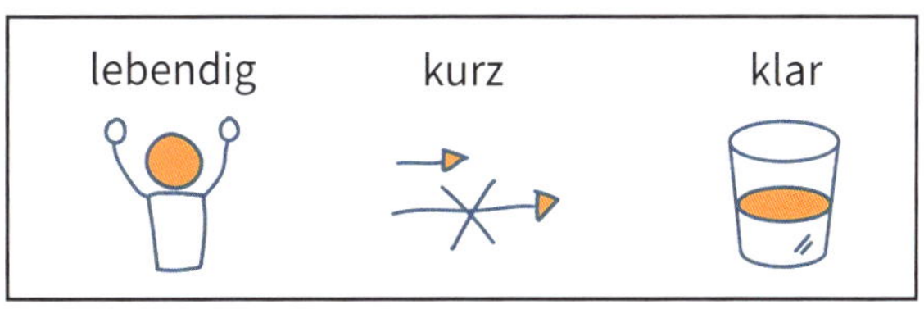
lebendig
kurz
klar

Sinnhaftigkeit
Anschlussfähigkeit
Fokussierung
Nutzen von Techniken
Anwendungsbezug
Wiederholungen

Lernen und Lehren im Zeitalter der Digitalität

Schulische Arbeit ist einem ständigen Wandel ausgesetzt. Neue Forschungsergebnisse oder gesellschaftliche Veränderungen führten und führen zu schulischen Reformen unterschiedlicher Tragweite. Die rasante Veränderung, die in den letzten Jahren durch neue digitale Möglichkeiten in der Gesellschaft festzustellen ist, stellt Schule und Unterricht vor gewaltige Herausforderungen. Insbesondere die Entwicklung von Künstlicher Intelligenz wird schulisches Arbeiten in den nächsten Jahren vor Aufgaben stellen, die heute noch gar nicht absehbar sind. Dabei ist unstrittig, dass sich das Lernen und Lehren und die schulische Arbeit im 21. Jahrhundert deutlich verändern muss. Allerdings ist keineswegs klar, welche Art von Veränderung die richtige ist.

Zurzeit lassen sich in der Diskussion zwei Lager ausmachen. Auf der einen Seite gibt es eine kleinere Gruppe, die eine Art »Auflösung« der heutigen Schule fordert und schulisches Lernen und Lehren völlig neu denken möchte. Die andere Gruppe negiert keineswegs den Veränderungsdruck, der auf den Schulen lastet. Gleichwohl wird versucht, Schritte zu identifizieren, die die Schulen in den nächsten Jahren sukzessive voranbringen könnten (Zierer 2017, S. 59 ff.).

- Der Einsatz technischer Hilfsmittel in Schule und Unterricht ist kein Allheilmittel und entbindet nicht von der Notwendigkeit der pädagogischen Arbeit.
- Der Einsatz digitaler Instrumente im Fachunterricht muss einen Mehrwert aufweisen.

Daher muss Schule zwei Aufgaben erfüllen:

- Die Schule muss eine Medienkompetenz bei den Schüler:innen ausbilden oder zumindest anbahnen.
- Die Schule muss digitale Instrumente gewinnbringend zur Erreichung fachlicher Kompetenzen integrieren und nutzen.

Die erste Aufgabe ist dabei keineswegs neu, nur die Komplexität und die Rolle in der Lebenswelt der Kinder und Jugendlichen ist heute eine andere als noch vor einigen Jahren. Mittlerweile hat sich der Begriff der »Medienmündigkeit« durchgesetzt. Einige sprechen gar von einer Aufklärung 2.0, da im Zeitalter der Algorithmen und sozialer Netzwerke der Begriff der Mündigkeit aktueller denn je erscheint (Zyber 2021, S. 6). Zur Bildungsbedeutsamkeit konkretisiert Kerres (2018), dass die Kompetenz, digitale Technik zu verstehen, anzuwenden und zu reflektieren, wichtig ist,

- um das Wissen der Kultur zu erschließen,
- um die eigene Identität auszudrücken und zu entwickeln,
- um berufliche Anforderungen bewältigen zu können und
- an gesellschaftlicher Kommunikation teilzuhaben.

Zur Ausbildung einer solchen Kompetenz brauchen Schule und Unterricht veränderte Ausrichtungen. Ein mittlerweile häufig zitierter Ansatz ist das sogenannte *4-C-Modell*, welches erstmals 2002 publiziert wurde. Eine Autorengruppe stieß mit diesen 4-Cs eine Debatte über notwendige übergreifende Kompetenzen an, die Absolvent:innen im 21. Jahrhundert in besonderer Weise entwickelt haben sollen (genauer Muuß-Merholz 2021, S. 9 f.).

- Creativity and Innovation
- Critical Thinking and Problem Solving
- Communication
- Collaboration

Die Tragfähigkeit des Ansatzes wird auch dadurch deutlich, dass sich die Kultusministerkonferenz in der Empfehlung zum Lernen und Lehren in der digitalen Welt sehr deutlich an dem 4-C-Modell orientiert. Wichtig erscheint der Hinweis, dass das Originalmodell Anwendung finden sollte. In deutschen Übersetzungen gehen in fast allen Publikationen leider die Begriffe »Innovation« und »Problemlösung« verloren (ebd., S. 8 f.). Für Akteure in der Schule und für den Unterricht kann das Modell eine Art Prüffolie sein. Allerdings sind die Begriffe allgemein und müssen für Schul- und Unterrichtsentwicklung der Einzelschule individuell ausgehandelt und integriert werden.

Für den Fachunterricht muss geprüft werden, in welcher Weise digitale Instrumente das Lernen und Lehren optimieren können, also ob ein Mehrwert vorhanden ist. Hierzu wird häufig das sogenannte SAMR-Modell zu Rate gezogen. Dieses geht zurück auf Ruben Puentedura, der vier Ebenen bei der Digitalisierung von Schule und Unterricht unterscheidet (Zierer 2017, S. 61 ff.).

- *Substitution = Ersatz:* Hier werden traditionelle Medien durch digitale Medien ersetzt, etwa die Tafel durch ein digitales Endgerät mit Projektionsflächen. Dies kann für die Lehrkraft eine Erleichterung darstellen, der Mehrwert für Lernprozesse ist jedoch kaum vorhanden.
- *Augmentation = Erweiterung:* Hier findet eine Zusammenfassung traditioneller Medien statt, etwa können originale Lernprodukte ohne Zeitverlust für alle verfügbar gemacht werden. So können Lernprodukte mit einem Klick für alle transparent projiziert und gemeinsam besprochen werden.
- *Modification = Änderung:* Hier sind etwa neue Arbeitsformen denkbar, die mit traditionellen Medien nicht möglich waren. So arbeiten die Lernenden gemeinsam, aber zeit- und ortsunabhängig an einem Bericht.
- *Redefinition = Neubelegung:* Hier sind völlig neue Aufgabenformate denkbar. Lernende arbeiten zeitunabhängig an einem Videoprojekt.

Zierer (2017) verweist darauf, dass erst mit einer Änderung oder *Neubelegung* ein echter Mehrwert entsteht (ebd., S. 63). Das Modell kann damit ebenfalls als eine Art Prüfinstanz für den eigenen Unterricht und den Einsatz digitaler Instrumente angesehen werden. Allerdings muss kritisch angemerkt werden, dass in dem Modell der Kontext der Lernenden kaum beachtet wird und der Lernprozess eine eher untergeordnete Rolle spielt. Darüber hinaus erwecken die vier Ebenen den Anschein einer Taxonomie. Dabei kann auch ein Ersatz schon positive Auswirkungen auf das Lernen haben. Eine Lehrkraft etwa, die mit dem Tablet eine Sicherung vornimmt, muss sich nicht mehr zur Tafel drehen und optimiert dadurch die → **Klassenführung**. Für die Wirksamkeit digitaler Instrumente existieren mittlerweile erste Forschungsergebnisse, die allerdings noch wenig belastbar sind (Schaumburg 2021, S. 44). Danach lassen sich drei Ergebnisse herausstellen (ebd.).

- Insgesamt lässt sich je nach digitalem Instrument eine Lernwirksamkeit im geringen bis mittleren Bereich attestieren.
- Besonders wirksam ist der Einsatz von Erklärvideos (zur Instruktion oder selbstgestaltet) und intelligenten, tutoriellen Systemen.
- Die Wirksamkeit digitaler Instrumente erhöht sich in problembasierten und offeneren Unterrichtssettings.

Besonders in den Blick zu nehmen sind auch Forschungen zur Veränderung des Lesens und Schreibens im Zeitalter der Digitalität. Aus der Forschung ist immer noch der sogenannte *Bildschirmnachteilseffekt* festzustellen, zumindest für Sachtexte. Allerdings verändern sich Lesegewohnheiten ebenfalls rasant, sodass sich jede Schule positionieren muss, ab wann und in welcher Weise digitale Texte analoge ersetzen (genauer Gold 2023).

Es wird deutlich, dass sich Schule in einer Art Transformationsphase befindet, die noch kein klar umrissenes Ziel besitzt. Die KMK (2021, S. 9) formuliert Potenziale digitaler Instrumente in drei Basisdimensionen von Unterricht.

- Kognitive Aktivierung
- Klassenführung
- Konstruktive Unterstützung

Es gilt also, diese Basisdimensionen bei Fragen der Unterrichtsentwicklung besonders in den Blick zu nehmen oder zumindest immer mitzudenken. Unstrittig ist, dass Schule und Unterricht sich verändern (müssen). Erste zentrale Schritte sind die Stärkung des projektorientierten Lernens und eine veränderte Prüfungskultur. Darüber hinaus muss sich die Rolle der Lehrkraft verändern. Lehrkräfte können nicht den Anspruch an sich formulieren, alle eingesetzten digitalen Instrumente fehlerfrei zu beherrschen. Es gilt, fehlerfreundlich und mutig Erfahrungen zu sammeln und gemeinsam sinnvolle Maßnahmen verbindlich einzuleiten.

4C	
Creativity & Innovation	Critical Thinking & Problem Solving

Communication	Collaboration

S.A.M.R.	
Substitution	Augmentation

Modification	Redefinition

Basisdimensionen		
Kognitive Aktivierung	Klassenführung	Konstruktive Unterstützung
	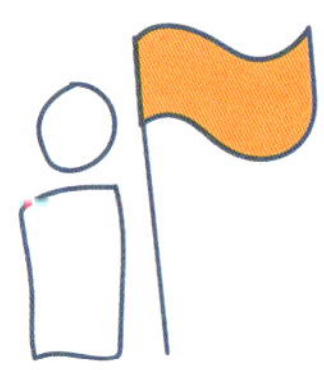	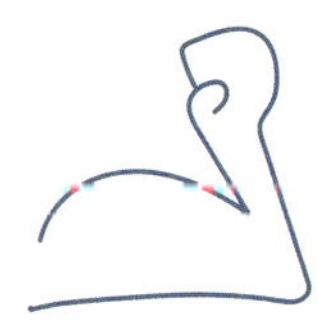

Rolle der Lehrkraft		
		müssen nicht alle eingesetzten digitalen Instrumente fehlerfrei beherschen
		fehlerfreundlich
		mutig

Motivation

Das Thema »Motivation« ist ein Dauerbrenner im schulischen Alltag. Unmotivierte Schüler:innen sind insbesondere in den Klassen der Mittelstufe häufig anzutreffen. Rheinberg (1998, S. 357) formuliert eine einfache und tragfähige Definition.

> »Motivation ist ein Konstrukt, das die aktivierende Ausrichtung des momentanen Lebensweltbezuges auf einem positiv bewerteten Zielzustand beschreiben und erklären soll«.

Die vorhandene Motivation verleiht nach Gage und Berliner (1996, S. 337) »einem Menschen die Energie zu seiner Tätigkeit« und bestimmt die Ausrichtung seiner Tätigkeit. Des Weiteren bestimmt der Grad der Motivation, was als Befriedigung erlebt wird und wirkt sich positiv auf die Anstrengungsbereitschaft und die kognitive Leistungsfähigkeit aus (Ormrod 2006, S. 366).

Eine besondere Form der Motivation ist die *Lernmotivation*. Diese bezeichnet nach Wild et al. (2001, S. 218) die Absicht oder Bereitschaft einer Person, sich in einer konkreten Situation mit einem Gegenstand lernend auseinanderzusetzen. Besonders für den schulischen Bereich bedeutsam ist das *Leistungsmotiv*, welches als eine relativ überdauernde Persönlichkeitsdisposition, Leistungsziele anzustreben, definiert werden kann. Demgegenüber bezeichnet die *Leistungsmotivation* die Absicht, etwas zu leisten, Erfolge zu erzielen und Misserfolge zu vermeiden, wobei zur Bewertung des Erfolgs bzw. Misserfolgs ein individuell verbindlicher Bewertungsmaßstab herangezogen wird (Wild et al. 2001, S. 18). Zur Ursachenerklärung von Erfolgen bzw. Misserfolgen entwickelte Weiner (1976) die Dimensionen der »Kausalattribution«. Danach sind Schüler:innen motivierter, wenn sie nach Erfolgserlebnissen streben, statt Misserfolge vermeiden zu wollen.

Eine vor allem in der pädagogischen Psychologie bedeutende Unterscheidung ist die zwischen intrinsischer und extrinsischer Motivation. Diese beiden Begriffe lassen sich folgendermaßen unterscheiden.

- *Intrinsische Motivation* bezeichnet den Wunsch oder die Absicht, eine bestimmte (Lern-)Handlung um ihrer selbst willen auszuführen, etwa weil sie Spaß macht, Interesse stillt oder eine persönliche Befriedigung verspricht. In dieses Konstrukt passen auch die Arbeiten von Csíkszentmihályi (1985), der mit seinem *Flow-Konzept* intrinsisch motivierte Handlungen beschreibt. Zentrales Charakteristikum des Flow-Erlebnisses ist das reflexionsfreie gänzliche Aufgehen in einer glatt laufenden Tätigkeit, bei der man trotz voller Kapazitätsauslastung das Gefühl hat, den Geschehensablauf noch gut unter Kontrolle zu haben.
- *Extrinsische Motivation* bezeichnet den Wunsch oder die Absicht, eine bestimmte (Lern-)Handlung durchzuführen, um ein lohnendes Ziel zu erreichen (etwa einen guten Notendurchschnitt, Lob oder Geschenke der Eltern) oder eine negative Folge zu vermeiden (etwa Sitzenbleiben oder eine Strafe der Eltern).

Intrinsische Motivation gilt nach wie vor als die wertvollste Form der Motivation, kommt aber nach Ansicht vieler Psychologen in der Schule nur in Ausnahmefällen vor. Lehrkräfte, die in ihrer Unterrichtspraxis nur die Kategorien der intrinsischen und extrinsischen Motivation wahrnehmen, begeben sich in ein Dilemma: Die eine Motivation ist kaum zu erreichen, die andere führt zu unerwünschten Effekten. Ein Weg aus diesem Dilemma bietet die Selbstbestimmungstheorie von Decy und Ryan (1993) mit den Taxonomien menschlicher Motivation (Abbildung 1).

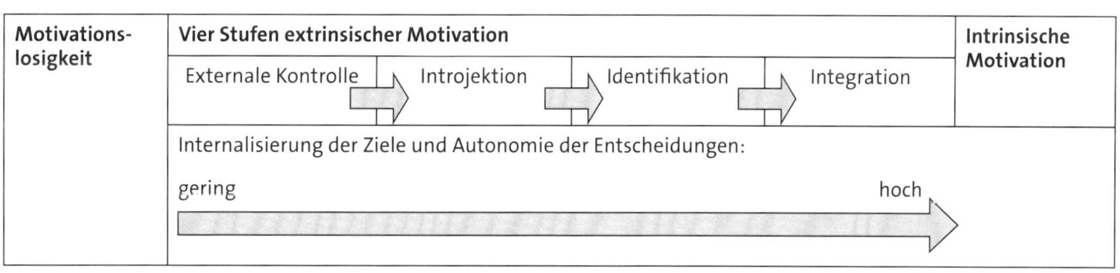

Abbildung 1: Taxonomie der Motivation nach Ryan und Deci (2000)

Externale Kontrolle geschieht dabei, ähnlich wie die extrinsische Motivation, ausschließlich von außen (z. B. durch Belohnung und Bestrafung). *Introjektion* bezeichnet die Phase, bei der das Verhalten durch Ich-Beteiligung gesteuert wird. Dabei werden von außen gesetzte Ziele und Anforderungen sowie Gebote und Verbote übernommen. Der Grund der Übernahme ist die Vermeidung von Angst und Schuldgefühlen und die Erreichung von Stolz und Anerkennung. Diese Phase ist durch ein hohes Maß sozialer Abhängigkeit geprägt. Schüler:innen, die auf diese Weise motiviert werden, sind anstrengungsbereit, zeigen aber auch erhöhte Angst zu versagen.

In der *Identifikationsphase* wird ein bestimmtes Verhalten gezeigt, weil sich die Person mit vorgegebenen Zielen identifiziert bzw. diese als sinnvoll und erstrebenswert erachtet (Schüler:innen in der gymnasialen Oberstufe strengen sich beispielsweise in einem Fach besonders an, weil sie erkannt haben, dass es für das angestrebte Studium wichtig ist, und nicht, weil es ihnen Freude macht).

Die *Integrationsphase* entsteht, wenn die Verhaltensregulation durch Identifikation vollständig in das Selbst der Person integriert wird. Das bedeutet, dass die von außen gesetzten Ziele und Anforderungen als persönliche Ziele übernommen und konfliktfrei in das eigene Ziel- und Wertesystem eingeordnet werden.

Auf dem Weg von der extrinsischen zur intrinsischen Motivation sehen Ryan und Deci (2000) drei zentrale Bedürfnisse, die befriedigt werden müssen: Kompetenz, Autonomie und soziale Zugehörigkeit. Nach Langfeld (2006, S. 63) gelingt dies, »wenn die Anforderungen den Fähigkeiten der Schülerinnen und Schüler angepasst sind, wenn den Schülern in angemessenem Rahmen Wahlmöglichkeiten eröffnet werden, wie sie einzelne Anforderungen erfüllen möchten und wenn sie Kooperation und gegenseitige Wertschätzung erfahren«.

Wichtig ist die Erkenntnis der Forschung, dass die Lernmotivation im Verlauf der Schulzeit abnimmt. Insbesondere beim Übergang von der 6. zur 7. Klasse brechen die emotional-motivationalen Lernvoraussetzungen regelrecht ein. Dies liegt an der Verengung der Interessenslagen durch die verstärkte Entwicklung von Interessen und Hobbys. Als Motivationshilfen für den Alltagsunterricht können folgende Aspekte gelten (etwa Dresel 2004; Smolka 2004).

- Schüler:innen ernst nehmen
- Förderung des Lernenwollens
- Erfolgserlebnisse ermöglichen
- Fachliche Begeisterung vorleben
- Eine gute Lernatmosphäre schaffen
- Gute Gruppenbeziehungen fördern
- Eine ausgewogene Balance zwischen Distanz und Nähe aufbauen
- Positives echtes → **Feedback** geben

Lernmotivation

Leistungsmotiv

Leistungsmotivation

Intrinsische Motivation

Extrinsische Motivation

Identifikationsphase

Integrationsphase

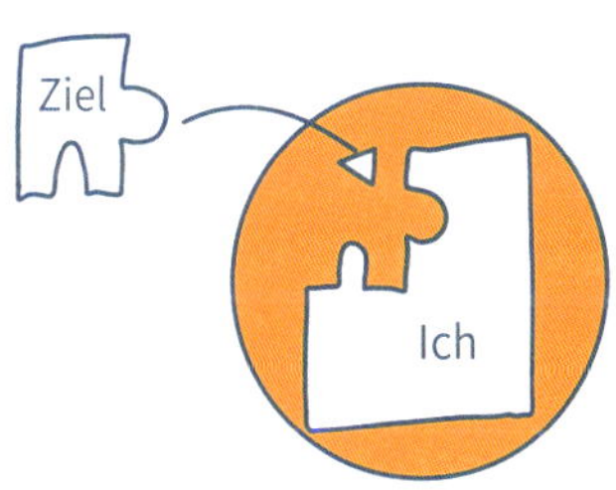

Regeln und Rituale

Regeln und Rituale spielen im Schulalltag eine sehr wichtige Rolle und sind eingebettet in eine gute → **Klassenführung**. Ich stimme Nolting (2002, S. 43) zu, wenn er sagt: »Das wichtigste Stichwort für nachhaltige Ordnungsstiftung lautet *Regeln*«. Helmke (2022, S. 155) verweist auf die Forschung zur Klassenführung, welche die überragende Rolle von Regeln belegt. Grundsätzlich sind Regeln Erwartungen an das Verhalten in bestimmten Situationen und haben nach Eichhorn (2008, S. 159) vor allem zwei Aufgaben. Danach sollen Regeln in der Klasse:

- einen störungsfreien Unterricht gewährleisten und
- Emotionen, die den Zusammenhalt der Klasse bedrohen, eingrenzen und ein positives Lernklima unterstützen.

Nolting (2002, S. 44) unterscheidet zwei Regeltypen:

- *Verhaltensregeln*, die Erwartungen an das soziale Verhalten formulieren (z. B. Hilfsbereitschaft, Höflichkeit, störungsfreie Mitarbeit).
- *Verfahrensregeln*, die konkrete Vorgaben für bestimmte Abläufe formulieren (z. B. Wann darf ich aufstehen? Was muss ich tun, wenn ich eine Frage habe?).

Unterschieden werden müssen darüber hinaus noch die Ebenen, nämlich die Schulregeln und die konkreteren Klassenregeln. Klassenregeln sollten sich auf die Schulregeln beziehen. Ein Regelgerüst aus fünf Regeln (= *Golden Five*) für die Schulebene könnte so aussehen:

- Wir nehmen Rücksicht auf unsere Mitmenschen.
- Wir lösen Konflikte ohne Gewalt.
- Wir respektieren andere Meinungen, Vorstellungen, Ideen und Religionen.
- Wir achten das Eigentum unserer Mitmenschen.
- Wir sind höflich und freundlich.

Grundsätzlich sind verschiedene Merkmale bei der Regelformulierung zu beachten. Lohmann (2015, S. 129) formuliert acht Hinweise:

- *Wenige Regeln:* Sieben Regeln sollte das Maximum sein.
- *Vernünftige Regeln:* Es muss geklärt werden, ob die Regel wirklich benötigt wird.
- *Verständliche Regeln:* Nach Möglichkeit kurze und einfache Sätze (z. B. »Alle sechs Beine bleiben auf dem Boden«).
- *Positive Regeln:* Es wird bei der Formulierung auf die Wörter »nicht« und »kein« verzichtet.
- *Verbindliche Regeln:* Formulierungen in der »Ich-Form« (z. B. »Ich lasse andere ausreden«).
- *Beobachtbare Regeln:* Beschreibungen von konkretem Verhalten (z. B. »In Partnerarbeitsphasen flüstern wir«).
- *Kompatible Regeln:* Die Klassenregeln dürfen nicht im Widerspruch zu der Schulordnung oder den Schulregeln stehen.
- *Durchsetzbare Regeln:* Die Lehrkraft kann die Einhaltung ohne viel Aufwand kontrollieren.

Bei der Einführung der Regeln sind drei Varianten zu unterscheiden (Lohmann 2015, S. 128 f.):

- *Geschlossene Variante*: Darin gibt die Lehrkraft die Regeln vor.
- *Halboffene Variante*: Darin gibt die Lehrkraft einen Rahmen vor oder stellt einen Regelkatalog zur Diskussion.
- *Offene Variante*: Darin führt die Lehrkraft mit der Klasse einen offenen Diskurs über die Regeln, die sich die Klasse geben möchte.

Die offene Variante besitzt bei den Lernenden selbstverständlich die größte Akzeptanz, kann aber sicherlich nicht in jeder Lerngruppe Anwendung finden. Die Lehrkraft entscheidet mit Blick auf die Lerngruppe, welche Variante die Beste ist. Wichtig ist, dass der Lerngruppe der Sinn der formulierten Regeln erklärt wird. So ist etwa eine Regel im Klassenunterricht von elementarer Bedeutung: dass niemand im Klassenunterricht spricht, wenn die Lehrkraft nicht das Wort erteilt hat. Diese Regel minimiert den Lärmpegel und die Privatgespräche beträchtlich. Vor allem durch diese Regel wird es den Schüler:innen möglich, ruhige Unterrichtsgespräche zu führen. Unterrichtsgespräche, die von gegenseitigem Respekt und gutem Zuhören untereinander geprägt sind.

Wichtig ist in einem nächsten Schritt die Festlegung der Sanktionen oder Konsequenzen, die bei Nicht-Einhaltung greifen. Je nach Lerngruppe gibt es dann zum Beispiel ein Stufensystem. Einige Lehrkräfte bevorzugen ein vier- oder dreistufiges System, ich jedoch plädiere für zwei Stufen. Es gibt eine gelbe Karte zur Verwarnung und eine rote Karte bei wiederholtem Verstoß. Diese ist mit einer bestimmten Sanktion verbunden. Bei der Anwendung und Sanktionierung des Regelkatalogs, an den sich im Idealfall alle in der Klasse unterrichtenden Lehrkräfte halten, ist ein Wort von entscheidender Bedeutung: »Konsequenz«.

Helmke (2022, S. 155) formuliert aus der Forschung zur → **Klassenführung** fünf Bedingungen, durch die Regeln im Schulalltag besonders erfolgreich sind:

- *Frühzeitige Festlegung:* Vielleicht nicht in der ersten Stunde, aber spätestens nach zwei Wochen sollten die Regeln und die Sanktionen ausgehandelt sein.
- *Aushandlung:* Wie erwähnt ist die offene Variante der Regeleinführung die beste Wahl, sofern die Lerngruppe dazu in der Lage ist.
- *Festigung:* Durch die angesprochene Konsequenz werden die Regeln gefestigt. Darüber hinaus sollte gemeinsam mit der Klasse eine regelmäßige Prüfung der Funktionalität der Regeln erfolgen.
- *Erhöhung der Verbindlichkeit:* Die Regeln sollten auf einem attraktiven Plakat in der Klasse gut sichtbar sein. Eine symbolische Unterschrift aller Akteure kann die Akzeptanz und Wirksamkeit weiter erhöhen.
- *Sanktionsklarheit:* Die Wirksamkeit wird erhöht, wenn die Sanktionen klar und von allen Lernenden akzeptiert werden. Sollte es Phasen im Schuljahr geben, in denen die Lerngruppe weitestgehend alle Regeln einhält, so wirken Belohnungen motivierend (z. B. ein Eis im Sommer oder gar ein Klassenausflug).

Neben Regeln haben Rituale im Schulalltag eine wichtige Ordnungsfunktion. Rituale sind »der Oberbegriff für ein gleichbleibendes, regelmäßiges Vorgehen nach einer festgelegten Ordnung« (Helmke 2022, S. 157). Im Gegensatz zu Regeln geht es bei Ritualen nicht um Normen, sondern um Symbolhandlungen, die von allen Beteiligten verstanden und akzeptiert werden (ebd.). Beispiele für sinnvolle Rituale im Schulalltag sind etwa:

- Gleiche morgendliche Begrüßung.
- Entspannungsübungen zu Beginn der Woche.
- Singen des Klassenliedes und Verabschiedung am Ende der Woche.
- Ruhezeichen der Lehrkraft.
- Klassenratssitzung einmal im Monat.
- Geburtstagsständchen.

Helmke (ebd., S. 158) verweist auf die positiven Effekte von Ritualen beim dosierten Einsatz. So steigere sich das Wir- und das Zugehörigkeitsgefühl, wodurch sich auch das → **Klassenklima** verbessere. Das sind genug Gründe, die eigenen Rituale zu reflektieren und zu optimieren.

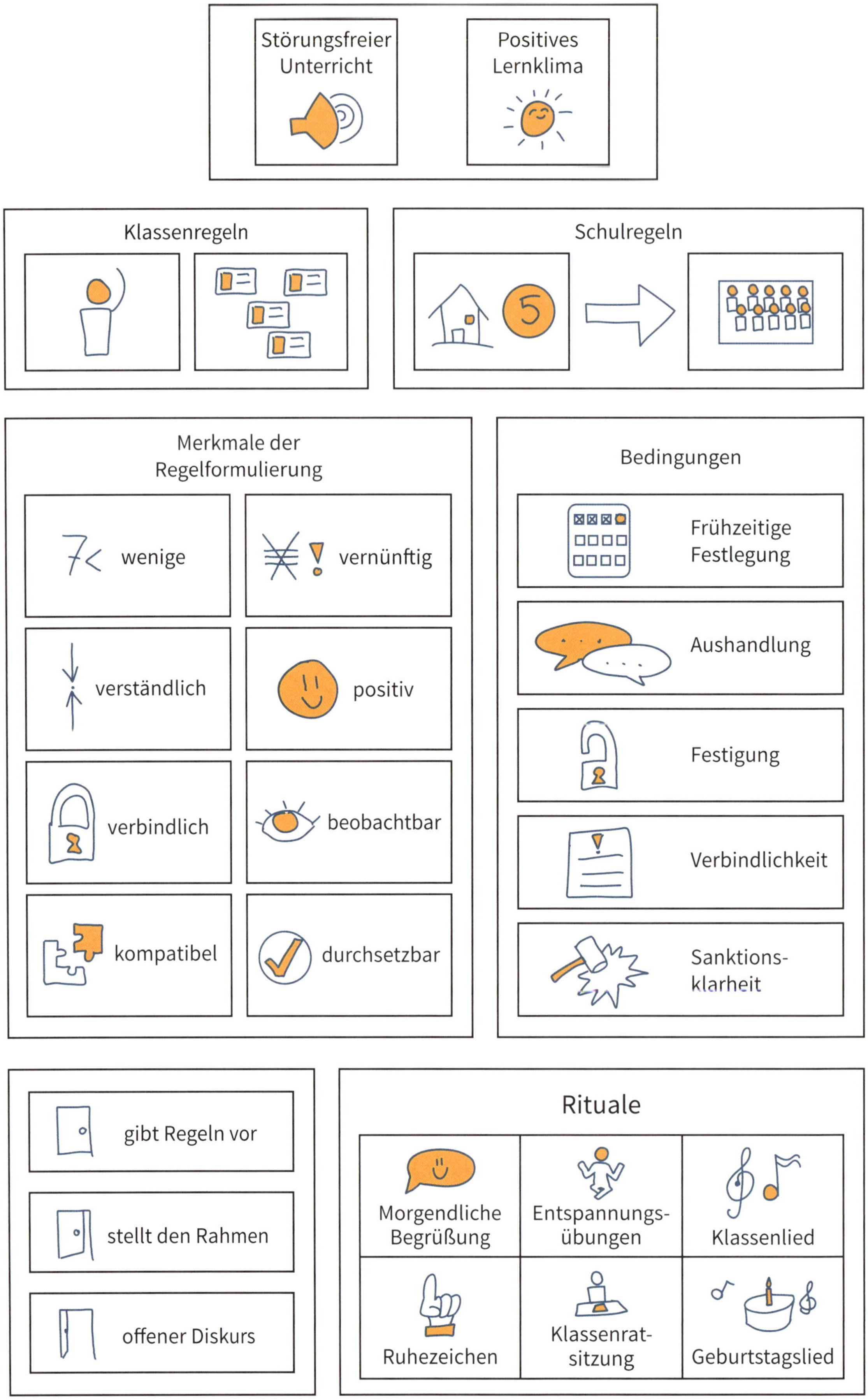
Störungsfreier Unterricht
Positives Lernklima
Klassenregeln
Schulregeln
Merkmale der Regelformulierung
wenige
vernünftig
verständlich
positiv
verbindlich
beobachtbar
kompatibel
durchsetzbar
Bedingungen
Frühzeitige Festlegung
Aushandlung
Festigung
Verbindlichkeit
Sanktions-klarheit
gibt Regeln vor
stellt den Rahmen
offener Diskurs
Rituale
Morgendliche Begrüßung
Entspannungs-übungen
Klassenlied
Ruhezeichen
Klassenrat-sitzung
Geburtstagslied

Selbstgesteuertes Lernen

Die Begriffe »selbstorganisiertes« bzw. »selbstgesteuertes Lernen« werden häufig synonym verwendet. Ich verwende hier »selbstgesteuertes Lernen«, da der Begriff aus meiner Sicht umfassender ist und der Lernprozess nicht nur auf die Organisation beschränkt wird.

Die Idee selbstgesteuerter Lernprozesse existiert bereits seit der frühen Neuzeit. Schon Comenius forderte ein Lernen, das frei von Zwängen ist. Zahlreiche Vertreter:innen der Reformpädagogik stellten die Selbsttätigkeit des Kindes in den Mittelpunkt ihrer Konzepte (etwa Hugo Gaudig, Célestin Freinet oder Maria Montessori). Die Forschungen von Albert Bandura zu Beginn der 2000er Jahre erbrachten dann den Nachweis, welche große Rolle Kompetenzen der Selbstregulierung für den Lernprozess spielen. Das »selbstgesteuerte Lernen« kann als didaktisch-methodisches Konzept der → **konstruktivistischen Didaktik** zugeordnet werden.

Nach Weinert (1982, S. 102) zeichnet sich selbstgesteuertes Lernen dadurch aus, dass »der Handelnde die wesentlichen Entscheidungen, ob, was, wann, wie und woraufhin er lernt, gravierend und folgenreich beeinflussen kann«. Es sind vor allem vier Bereiche, in denen Selbststeuerung möglich ist (z. B. Haas 2015; Herold & Herold 2017; Konrad & Traub 2017).

- *Lernplanung* (z. B. Lernbedarf, Ressourcen, Teilziele, Lernort und Lernzeit)
- *Lerntätigkeiten* (z. B. Lernmittel, Methoden, Aufgaben, Lernschritte, Regeln und Lernstrategien)
- *Lernkontrolle* (z. B. Kontroll-, Lenkungs- und Auswertungsprozesse, Verhaltensreflexion und Fehlermanagement, Form des Feedbacks, Hilfe durch Expert:innen)
- *Lernkooperation* (z. B. Wahl der → **Sozialform**, Form der sozialen Interaktion etwa über Lern-Management-Systeme)

In diesen vier Bereichen hat die Lehrkraft die Möglichkeit, den Grad der Selbststeuerung zu erhöhen. Diese Entscheidung sollte nach dem Grad der Selbstständigkeit der Lernenden erfolgen. Es gilt, wenn man das Konzept ernst nimmt, folgendes Postulat: *So viel Selbststeuerung wie möglich.*

Sinnvoll ist in jedem Fall die Abgrenzung zum selbstorganisierten Lernen. Von selbstorganisiertem Lernen spricht man bereits, wenn die Lernenden die Planung ihrer Lernprozesse bestimmen können. Grundsätzlich muss konstatiert werden, dass selbstgesteuertes Lernen im 21. Jahrhundert eine zentrale Aufgabe von Schulen darstellt. Leider ist stark anzunehmen, dass Lernen heute noch zu wenig nach dieser Konzeption realisiert wird. Die Gründe dafür sind vielschichtig. Problematisch sind sicherlich übervolle Lehrpläne und zentrale Abschlussprüfungen. In einer Schule mit vollen Lehrplänen und punktuellen Leistungsüberprüfungen ist etwa eine eigene Entscheidung über das »Was« nur in Ausnahmefällen vorstellbar.

Des Weiteren erfordert selbstgesteuertes Lernen aber auch eine Abkehr vom klassischen Instruktionsunterricht. Um Widersprüche zu vermeiden: eine vollständige Hinwendung zum Konzept des selbstgesteuerten Lernens ist nicht unproblematisch und vor allem in bestimmten Fächern weder sinnvoll noch wünschenswert (Miller & Oelkers 2020). Es existieren einzelne Schulen, die das Lernen weitestgehend auf Selbststeuerung ausgerichtet haben (z. B. Daltonplan-Schulen). Über Erfolge und Misserfolge solcher Schulversuche ist die empirische Bildungsforschung noch Antworten schuldig. Es ist aber anzunehmen, dass einige, vor allem leistungsstarke Kinder und Jugendliche, davon profitieren, andere aber eher Nachteile erfahren.

Planung
Lern-
kontrolle
Lerntätigkeit
Kooperation
übernimmt
Schüler:in
bestimmt
Ob
Was
Wann
Ziel
Wie

Schüler:innenorientierung

Die Forderung nach einer »Schüler:innenorientierung« im Unterricht wird häufig als ein zentrales Qualitätskriterium eines guten Unterrichts an die Lehrkräfte herangetragen. Dies ist keineswegs neu und wurde bereits im 18. Jahrhundert von Jean Jacques Rousseau formuliert und im Zuge der Reformpädagogik auf die Schule übertragen. Danach sind Schüler:innen immer als handelnde Subjekte anzusehen. Bis heute kann ein Lernen mit »Kopf, Herz und Hand« als eine Art Königsweg angesehen werden. Aber was genau ist Schüler:innenorientierung und wie sieht ein Unterricht aus, der konsequent einer Schüler:innenorientierung folgt?

Grundsätzlich stellt die Schüler:innenorientierung ein didaktisches Prinzip dar, welches normative Grundsätze zur Ziel- und Themenauswahl und zur Gestaltung des Unterrichts manifestiert (Meyer 2010, S. 181). Ein schüler:innenorientierter Unterricht berücksichtigt die Interessen, Erfahrungen, Kenntnisse, Fähigkeiten und Fertigkeiten der Lernenden. Der Unterrichtsprozess ist dabei geprägt von der Selbststeuerung der Schüler:innen. Des Weiteren spielt der Lebensweltbezug eine bedeutende Rolle. Wichtig ist es demnach, den Alltagsbezug des Unterrichtsinhalts herzustellen und diesen transparent zu machen. Gleichwohl kann damit keine völlige Freistellung der Inhaltsauswahl gemeint sein. Insbesondere in Zeiten der Kompetenzorientierung mit klar definierten Kompetenzen sind Freiheiten bei der inhaltlichen Auswahl begrenzt. Allerdings betrifft das Prinzip der Schüler:innenorientierung nicht allein jenes »Was« des Unterrichts, sondern auch das »Wie«. Dabei ist die Abgrenzung zum Begriff der »Schüler:innenaktivierung« bedeutsam. Denn eine Beschäftigung möglichst vieler Kinder im Unterricht ist noch lange kein schüler:innenorientierter Unterricht. In einem schüler:innenorientierten Unterricht werden die Schüler:innen dementsprechend regelmäßig an der Planung der Unterrichtsgestaltung beteiligt. Insgesamt lassen sich folgende Merkmale eines schüler:innenorientierten Unterrichts formulieren.

Schüler:innenorientierter Unterricht:
- basiert auf Mitbestimmung und umfasst demnach regelmäßig die Meta-Ebene,
- gründet sich auf Selbsttätigkeit,
- setzt auf eine humane und vertrauensvolle Interaktion und Kommunikation,
- setzt bei der Planung und Auswertung des Unterrichts auf Partizipation,
- sieht die Lehrkraft häufig in der Rolle des Lernberaters bzw. der Lernberaterin,
- fördert Differenzierung und individualisiert,
- hat immer die aktuellen und vermuteten zukünftigen Interessen der Lernenden im Blick und stellt Bezüge zur Lebenswelt dar,
- ist immer alters- und entwicklungsgemäßer Unterricht.

Mithilfe dieser Merkmale entsteht im Idealfall ein Unterricht, der die Kinder und Jugendlichen etwas angeht und sie auch emotional im Herzen erreicht. Dies kann als wichtige Voraussetzung für erfolgreiches und nachhaltiges Lernen angesehen werden. Gleichwohl sind in der Unterrichtspraxis unmöglich alle Merkmale zu jeder Zeit zu erfüllen. So muss nicht immer eine Selbsttätigkeit der Schüler:innen vorliegen oder ständig differenziert werden. Die letzten beiden Merkmale sind meiner Meinung nach besonders hervorzuheben. Insbesondere der → **Einstieg** in eine Unterrichtsreihe bietet dabei vielfältige Chancen der Umsetzung dieser Merkmale.

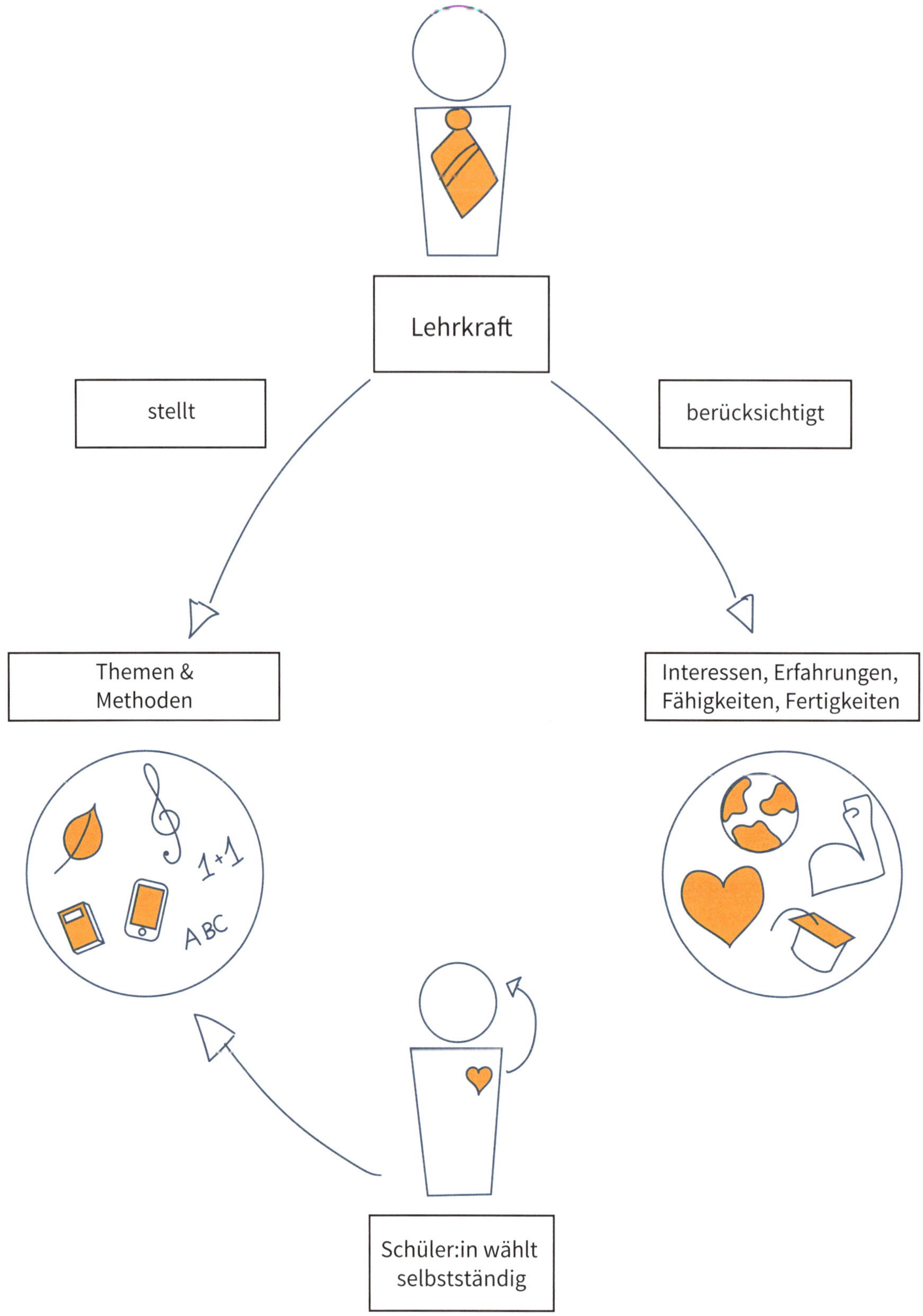
Lehrkraft
stellt
berücksichtigt
Themen &
Methoden
Interessen, Erfahrungen,
Fähigkeiten, Fertigkeiten
1+1
ABC
Schüler:in wählt
selbstständig

Sicherung

Das Thema »Sicherung« ist in der didaktischen Diskussion ein Randthema, zumindest was die Anzahl an Publikationen anbelangt. Dies ist umso erstaunlicher, da doch die Lernergebnisse im Hinblick des gewählten Unterrichtsziels den Kern von Unterrichtsqualität darstellen. So existiert sowohl die Forderung nach dem Primat der Zielorientierung (→ **bildungstheoretische Didaktik**) als auch die Forderung nach einer klaren Performanzsituation am Ende eines Lernprozesses (→ **kompetenzorientierte Didaktik**).

Nach Meyer (2021, S. 273 f.) ist die (Ergebnis-)Sicherung eine Art Oberbegriff für eine Fülle von Tätigkeiten und lässt sich folgendermaßen definieren (ebd.).

> »Die Sicherung dient dazu, die Ergebnisse der Erarbeitungsphase zu dokumentieren, zu beurteilen, zu vertiefen und zu üben und so die neu erworbenen Kompetenzen zu sichern«.

Für Lehrkräfte und Lernende hat die Phase der Ergebnissicherung unterschiedliche Funktionen. Meyer (ebd.) sieht folgende Teilfunktionen von Sicherungen.

- *Lob und Anerkennung:* Die Lehrkraft lobt die Lernenden für das erstellte Produkt oder ermutigt dazu, dass es beim nächsten Mal noch besser wird.
- *Zusammenfassung zu einem Ganzen:* Bei arbeitsteiliger Erarbeitung erfolgt in der Sicherung die Zusammenführung zu einem Lernprodukt.
- *Korrektur fehlerhafter Ergebnisse:* Das Lernprodukt wird von der Lehrkraft oder auch von der Lerngruppe kontrolliert und eventuell korrigiert.
- *Ergänzung:* Fehlende Teile im Lernprodukt werden ergänzt.
- *Kritik:* Das Lernprodukt wird reflektiert, beurteilt oder gewichtet.
- *Rückmeldung:* Insbesondere bei längerer Einzelarbeit nimmt die Lehrkraft eine individuelle Rückmeldung zum Lernfortschritt vor.
- *Wiederholung:* Die Sicherung wird genutzt, um Kompetenzen der Erarbeitungsphase zu wiederholen und damit zu festigen.
- *Verankerung und Verallgemeinerung:* Die Ergebnisse der Sicherungsphase werden mit Vorwissen verknüpft und wenn möglich durch Verallgemeinerung auf ein höheres Niveau gehoben.
- *Transfer und Anwendung:* Die Lernergebnisse werden in bekannte Anwendungsfelder übertragen oder mit neuen Fachbezügen belegt.
- *Protokollierung und Dokumentation:* Die Lernenden übernehmen das Lernprodukt in eine für sie sinnvolle Form im Arbeitsheft oder in einem Ordner auf dem digitalen Endgerät.

Im hektischen Schulalltag ist insbesondere die letzte Funktion sehr bedeutsam. Lehrkräfte sollten bei den Lernenden größte Sorgfalt bei der Heftführung einfordern und diese auch regelmäßig überprüfen.

Diese dargestellten Teilfunktionen werden nicht alle gleichzeitig und auch nicht in allen Unterrichtsstunden sichtbar. Zu diesen Teilfunktionen führt Meyer (ebd.) noch drei latente Funktionen von Sicherungen aus.

- *Leistungsbeurteilung:* Häufig findet insbesondere in der Sicherungsphase eine Beurteilung der Leistungen der Lernenden durch die Lehrkraft statt. Meyer empfiehlt (2021, S. 275), sich einer solchen Vermengung bewusst zu sein und den Lernenden transparent zu machen, wann eine nicht bewertete Ergebnissicherung erfolgt.
- *Kanonisierung:* Damit ist gemeint, das Lernende am Ende einer Sicherungsphase davon ausgehen, dass das Lernprodukt, welches bei ihnen im Heft steht, geprüft und richtig ist. Diese latente Funktion weist darauf hin, dass jede Lehrkraft besonders genau und ohne Zeitdruck die Ergebnissicherung durchführt.
- *Disziplinierung:* In der Sicherungsphase sind die Schüler:innen gefordert, die zuvor erarbeiteten Ergebnisse zu präsentieren und zu besprechen. Somit ist diese Phase des Unterrichts eine Art Kristallisationspunkt für den bisherigen Unterricht. Ergo: Wer bisher nicht konzentriert gearbeitet hat, kann in dieser Phase nichts zum Unterricht beitragen.

Die Bedeutung einer guten Sicherungsphase ist im Unterrichtsalltag meiner festen Überzeugung nach gar nicht hoch genug einzuschätzen. Jede Lehrkraft sollte sich viele Gedanken über die sogenannte Küchentischfrage machen. Diese Frage ist eine fiktive Frage nach dem Lernzuwachs des abgelaufenen Schultages, welche den Lernenden beim Mittagessen gestellt wird. Zu häufig dürften Schüler:innen auf diese Frage keine differenzierte Antwort geben können. Zumindest meine Kinder konnten das sehr selten! Dabei muss nach Heymann (2001, S. 9) Unterricht nachhaltiges Lernen ermöglichen und nachhaltiges Lernen ist auf gute Ergebnissicherungen angewiesen.

In Erweiterung zu Meyer (2021, S. 276) möchte ich fünf Qualitätskriterien guter Sicherungen darlegen. Danach zeichnet sich gute Ergebnissicherung dadurch aus, dass:

- Arbeitsergebnisse präsentiert, korrigiert und verbindlich und in aller Regel schriftlich gesichert werden;
- das Lernprodukt gemeinsam reflektiert und einer wertschätzenden Kritik unterzogen wird;
- die Lernenden durch die Sicherung eine klare Rückmeldung ihres eigenen Lernfortschritts erhalten;
- das Lernprodukt genutzt wird, um Kompetenzen zu vertiefen, einzuüben oder anzuwenden;
- diese nie unter Zeitdruck stattfindet.

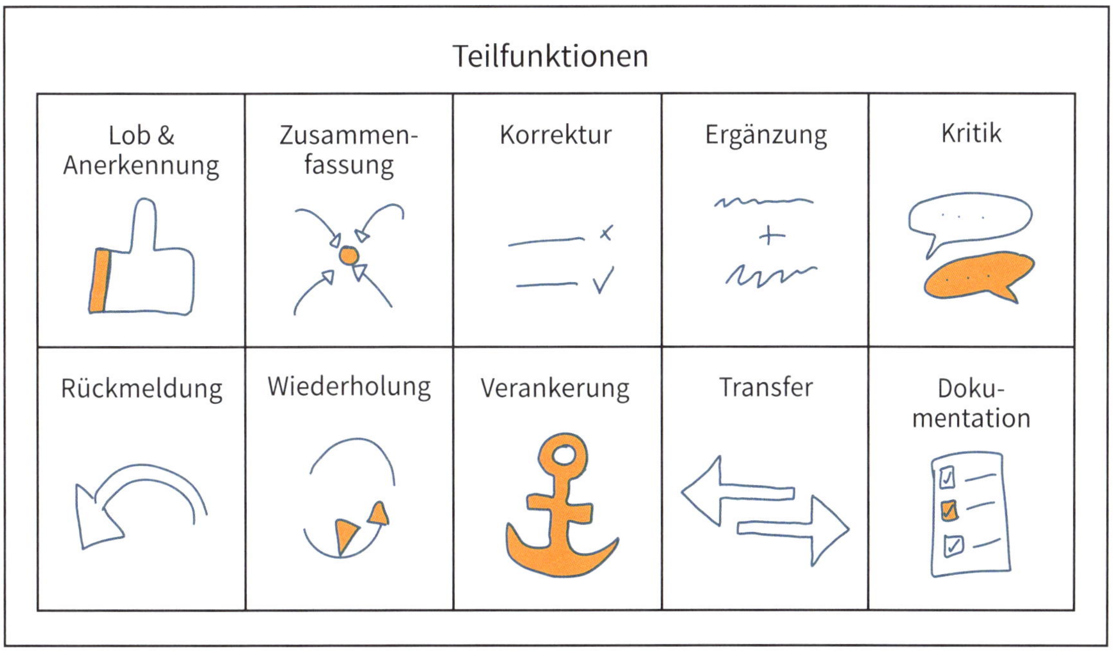
Teilfunktionen
Lob & Anerkennung
Zusammen-fassung
Korrektur
Ergänzung
Kritik
Rückmeldung
Wiederholung
Verankerung
Transfer
Doku-mentation

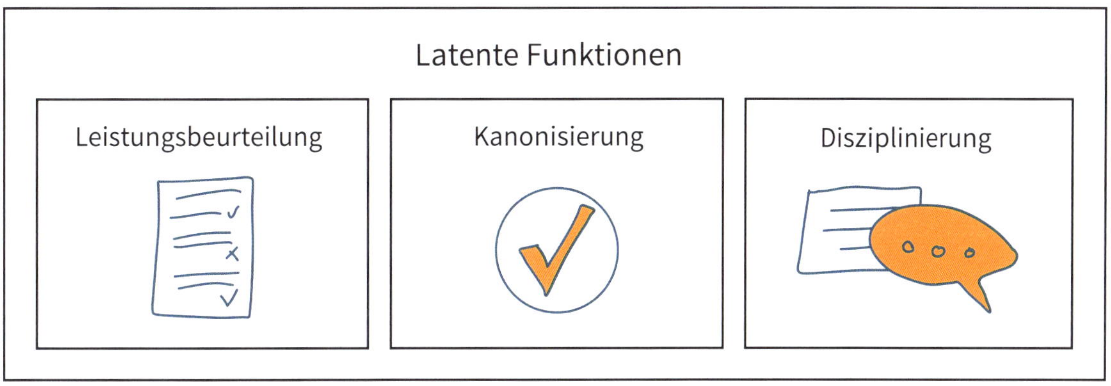
Latente Funktionen
Leistungsbeurteilung
Kanonisierung
Disziplinierung

Qualitätskriterien

Sozialformen

Sozialformen sind einzubetten in das methodische Geschehen von Lehr- und Lernprozessen. Allerdings sind Sozialformen keine → **Methoden**. Sie regeln vielmehr die Beziehungsstruktur zwischen der Lehrkraft und den Schüler:innen sowie den Schüler:innen untereinander. Sie besitzen eine Art räumlich-personale und eine innere Kommunikations- und Interaktionsstruktur (Meyer & Junghans 2022, S. 194). Das Wissen und die korrekte Anwendung der Sozialformen sind von großer Bedeutung. Grundsätzlich gibt es vier Sozialformen.

- *Klassenunterricht*, in dem die Lehrkraft mit allen Lernenden häufig in einer Form des Unterrichtsgesprächs arbeitet.
- *Einzelarbeit*, in der die Lernenden allein für sich arbeiten.
- *Partnerarbeit*, in der die Lernenden im Idealfall, bei einer geraden Gesamtzahl, in Paaren arbeiten.
- *Gruppenarbeit*, in der die Lernenden in kleinen Gruppen arbeiten.

Klassenunterricht, der auch als Frontalunterricht bekannt ist, genießt mittlerweile keinen guten Ruf mehr. Allerdings enthält diese Sozialform auch viele Vorteile. Grundsätzlich umfasst der *Klassenunterricht* Formen der »direkten Instruktion« (→ **Lehrkräftevortrag**), genauso wie Unterrichtsgespräche (→ **Gesprächsführung**). Meyer und Junghans (2021, S. 378) definieren diese Sozialform als »zumeist theoretisch orientierter und überwiegend sprachlich vermittelter Unterricht, in dem der Lernverband (...) gemeinsam unterrichtet wird und in dem die Lehrperson – zumindest dem Anspruch nach – die Arbeits- und Interaktionsprozesse steuert und kontrolliert«.

Klassenunterricht ist sicherlich die anspruchsvollste Sozialform und stellt höchste Ansprüche an die Lehrkraft (genauer Gudjons 2021). Eine gute → **Klassenführung** ist dabei die Basis. Darüber hinaus sind genaues Zuhören und zielorientiertes Verknüpfen von Wortbeiträgen von großer Bedeutung. Bei der »direkten Instruktion« muss die Fähigkeit vorhanden sein, nachvollziehbar und adressatengerecht erklären zu können. Vorteile sieht Apel (2007) in der Entwicklung mentaler Modelle und dem schnelleren Aufbau von Sachwissen.

Die *Einzelarbeit* ist dagegen weitaus einfacher umzusetzen. Die Lernenden arbeiten an einer vorgegebenen Aufgabe. Die Lehrkraft steht als Hilfe bei Fragen und Lernschwierigkeiten zur Verfügung. Darüber hinaus fällt der Lehrkraft, auch wenn es nicht schön klingt, eine Überwachungsaufgabe zu. Denn die Einzelarbeit ist bei den Schüler:innen nicht unbedingt die beliebteste Sozialform. Die Qualität einer Einzelarbeit steht und fällt mit der Qualität der erteilten → **Aufgaben** und eventuell dazugehöriger Hilfesysteme.

Bei der *Partnerarbeit* arbeiten zwei Schüler:innen zusammen. Die Lehrkraft achtet auf konzentriertes Arbeiten und eine angemessene Geräuschkulisse. Die Lernenden unterhalten sich im Flüsterton.

In der *Gruppenarbeit*, die von den Schüler:innen häufig favorisiert wird, arbeiten die Lernenden in Gruppen von drei bis maximal sechs Personen zusammen. Dieser Sozialform wird vor allem zugeschrieben, dass neben fachlichen Kompetenzen auch Kommunikationsfähigkeiten und Selbstständigkeit ausgebildet werden. Eine Gruppenarbeit muss insbesondere im Ablauf und der Organisation sorgfältig vorbereitet werden. Für Arbeitsaufträge von Gruppenarbeiten formuliert Haag (2005, S. 29) vier Gelingensbedingungen. Danach sollen Arbeitsaufträge:

- zu kooperativem Handeln veranlassen;
- dem Leistungsstand der Lernenden angemessen sein;
- die geplanten Handlungen auch in der Reihenfolge exakt beschreiben;
- die Dauer der Arbeitsschritte deutlich machen.

Diese Merkmale verdeutlichen bei der Gruppenarbeit die Nähe zum → **kooperativen Lernen**. Grundsätzlich gilt, dass alle Sozialformen ihre Berechtigungen haben und sowohl gewinnbringend als auch nur wenig lernwirksam sein können. Wichtig ist, dass die Lehrkraft die gewählte Sozialform auch wirklich anwendet. Wie oft fällt in der Lehrerbildung der Satz: »Einzelarbeit ist Einzelarbeit«. Dieser lässt darauf schließen, dass zu häufig geplante Einzelarbeit von den Schüler:innen zu Partner- oder Gruppenarbeit umfunktioniert wird. Also: seien Sie konsequent bei der Umsetzung.

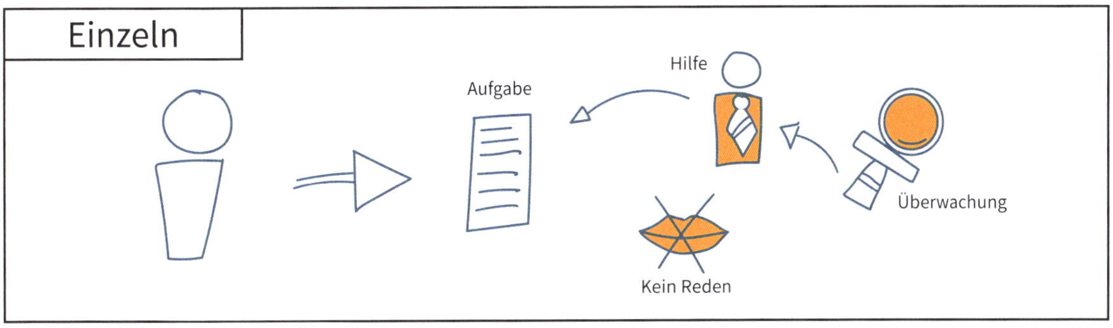
Einzeln
Aufgabe
Hilfe
Überwachung
Kein Reden

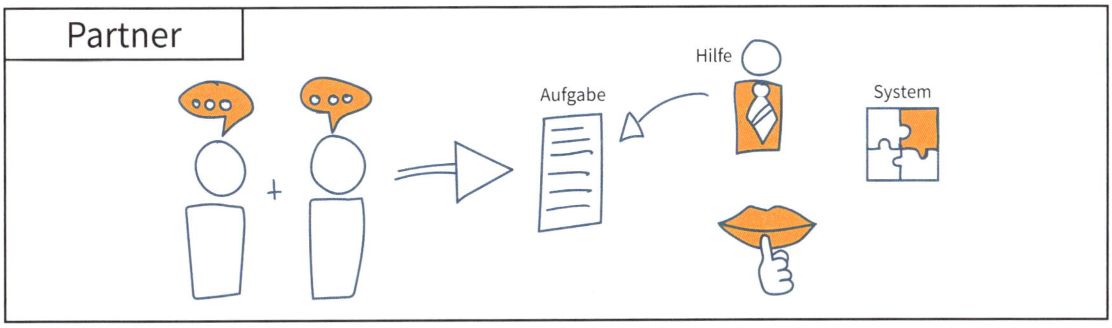
Partner
Hilfe
Aufgabe
System

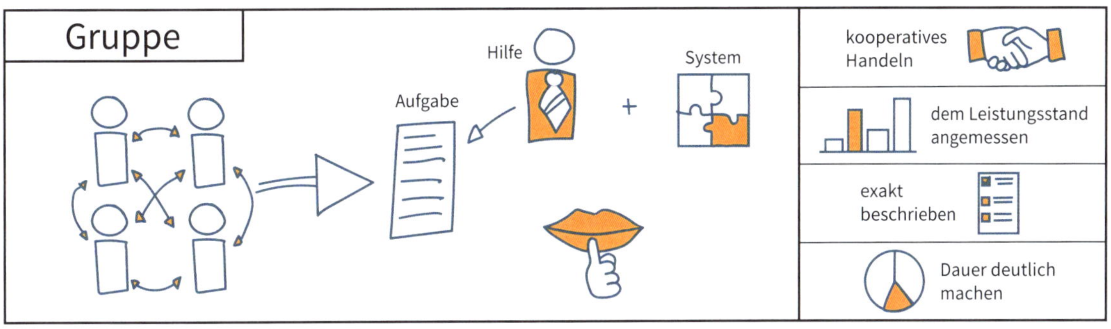
Gruppe
Hilfe
System
Aufgabe
kooperatives Handeln
dem Leistungsstand angemessen
exakt beschrieben
Dauer deutlich machen

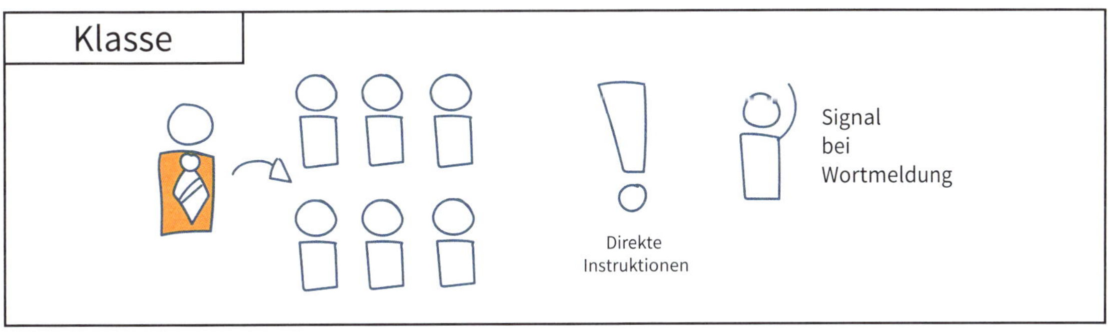
Klasse
Signal bei Wortmeldung
Direkte Instruktionen

Üben

»Übung macht den Meister!« – Wer kennt diese Weisheit aus seiner Kindheit und Schulzeit nicht? Und doch können »Üben« oder synonym das »Wiederholen« als Stiefkinder der Lehrkraftaus- und -fortbildung angesehen werden (Helmke 2022 f., S. 186). Es ist anzunehmen, dass eigene Übungsphasen auch im Unterrichtalltag eher selten stattfinden. Ein Hauptargument vieler Lehrkräfte dürfte die vorhandene Stofffülle darstellen. Nach Heymann (2005, S. 7) lasst sich »Üben« folgendermaßen definieren.

> »Unter ›Üben‹ fallen alle Aktivitäten, die mir helfen, neu aufgenommene Informationen, neu erkannte Zusammenhänge und im Prinzip erfasste Abfolgen von Denk und/oder Handlungsschritten auf eine Weise präsent zu machen, dass ich über sie in Situationen, in denen ich sie brauche, möglichst problematisch, sozusagen automatisch verfügen kann«.

Ausgehend von dieser Definition lassen sich drei Formen des Übens darstellen.

- *Deklariertes Wissen* (z. B. Vokabeln, Geschichtsdaten, Fachbegriffe).
- *Fertigkeiten* (z. B. Lesen, Schreiben, Rechnen, Messen, Tonleiter).
- *Fähigkeiten* (z. B. Analysieren, Argumentieren).

Das Üben wird häufig auf die erste Form reduziert und hat einen vergleichsweise schlechten Ruf, da dies mit »stumpfem Pauken« gleichgesetzt wird. Dazu ist Folgendes zu sagen: die Ausbildung von deklariertem Wissen ist von zentraler Bedeutung für komplexe Lernprozesse, weil automatisiertes Wissen freie geistige Kapazitäten ermöglicht (Stern 2006, S. 48). Des Weiteren ist beim Aufbau von deklariertem Wissen eine ausreichende Anzahl von Wiederholungszahlen zu beachten. Laut der sogenannten *Vergessenskurve* sind in regelmäßigen Abständen Lernwiederholungen notwendig (Ebbinghaus 1895).

Grundsätzlich lassen sich eine Reihe von Gelingensbedingungen für erfolgreiches Üben im Unterrichtsalltag formulieren (etwa Brinkmann 2021; Gudjons 2006; Helmke 2022). Übungsphasen müssen:

- eine sinnvolle *Regelmäßigkeit* aufweisen. Sie sollten fester Bestandteil des Unterrichts sein. Es gilt: Verteiltes Üben ist immer besser als massiertes Üben.
- eine ausreichende *Passung* aufweisen. Sie sollten dem Unterrichtsgegenstand in fachlicher Hinsicht entsprechen und in Hinblick auf den Schwierigkeitsgrad für alle Lernenden lösbar sein.
- an die *Vorkenntnisse* der Lernenden angepasst sein.
- wahrnehmbare *Erfolge* für die Lernenden *ermöglichen*.
- immer *Kontrollmöglichkeiten* der Lernerfolge enthalten.
- von der Lehrkraft angemessen *begleitet* werden.
- häufiges *Feedback* der Lehrkraft zur Art des Übens und des Erfolgs beinhalten.
- abwechslungsreiche Übungsformen und Unterstützungsmöglichkeiten enthalten, um die → **Motivation** zu erhalten.
- bei Bedarf individuelle Lernstrategien offenlegen.
- in einem Klima stattfinden, in dem sich alle Akteure *sozial eingebunden* fühlen.

Aufgrund der häufig fehlenden Zeit im Unterricht möchte ich auf eine Methode hinweisen, die es im Schulalltag erleichtern sollte, Übungsphasen kontinuierlich einzubauen. Mithilfe des sogenannten *Flipped Classrooms* lässt sich die Phase der Aneignung von Lerngegenständen dem Unterricht vorschalten. Der Präsensunterricht kann dann direkt mit einer Übungsphase beginnen (Gloeckner 2020).

Laut dem Konzept der *motivierten Beharrlichkeit* von Angela Duckworth (2016) hängt der Erfolg des Übens von der Beharrlichkeit und der Begeisterung für eine Sache ab. Das ist ein guter Grund um Übungsphasen einen festen Platz im Unterrichtsalltag einzuräumen.

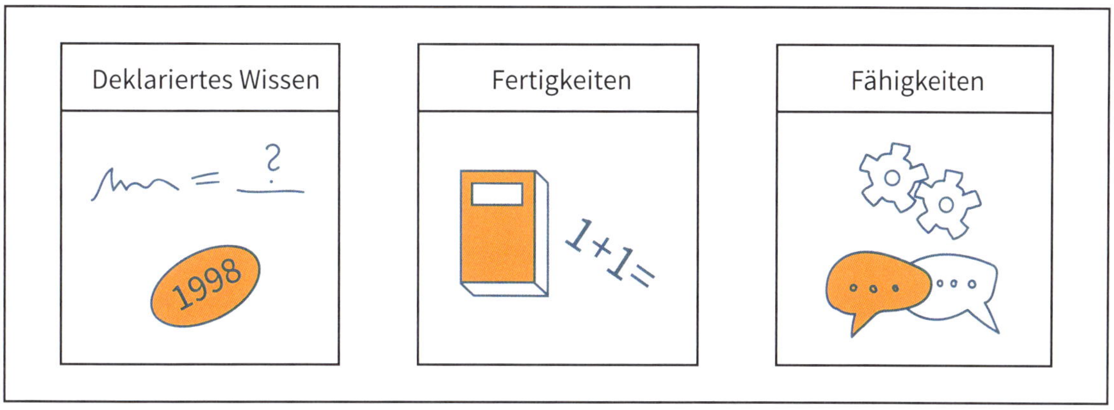

Deklariertes Wissen
1998
Fertigkeiten
1+1=
Fähigkeiten

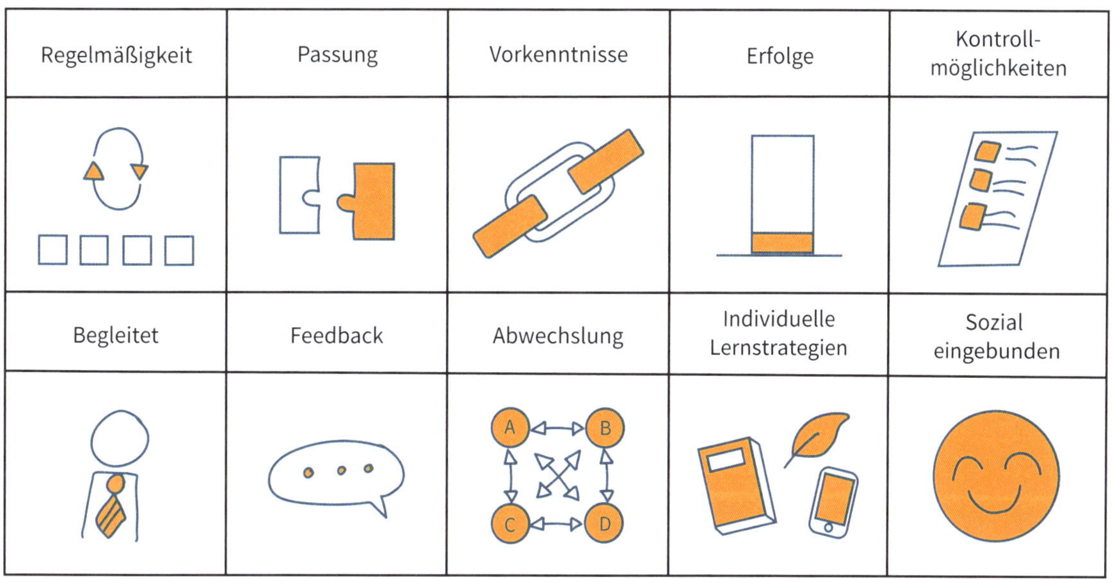

Regelmäßigkeit
Passung
Vorkenntnisse
Erfolge
Kontroll-
möglichkeiten
Begleitet
Feedback
Abwechslung
A
B
C
D
Individuelle
Lernstrategien
Sozial
eingebunden

Unterrichtsmethoden

Das Thema »Unterrichtsmethoden« scheint in der didaktischen Diskussion beliebt zu sein. Es existieren zahlreiche Publikationen, die als Sammlungen gängiger Methoden das Repertoire der Lehrkräfte bereichern (wollen) (z. B. Pallasch & Zopf 1999; Peterßen 2009; Mattes 2011; Schmoll 2012).

Es ist für Lehrkräfte einerseits attraktiv und relativ einfach, durch innovative, aktivierende Methoden die → **Motivation** der Schüler:innen positiv zu beeinflussen. Andererseits gibt es immer noch widersprüchliche Botschaften, die in Teilen auch auf falsche Rezeption der Wissenschaft zurückzuführen ist. 2003 publizierte Meyer erstmals seine zehn Merkmale guten Unterrichts, die in den Folgejahren in der Aus- und Fortbildung von Lehrkräften eine Art Fixstern darstellten. Das vierte Merkmal der Liste war die *Methodenvielfalt*. Meyer wies zwar in seinem Aufsatz darauf hin, dass *Methodenvielfalt* keinen Wert an sich darstellt, sondern erst eine stimmige Kombination aus Inhalts- und Zielentscheidungen guten Unterricht ausmache. Gleichwohl etablierte sich bei einigen Praktikern der Irrglaube, dass ein häufiger Wechsel von Unterrichtsmethoden und → **Sozialform** ausreiche, um Unterricht zu optimieren.

Im Sinne des Primats der Zielorientierung ist die Wahl der Methoden in der Planung in der Regel den Fragen der Inhalte und der Ziele nachgeordnet – auch wenn einige Autoren dies angesichts der Komplexität des Planungsvorgangs für eine zu schlichte Herangehensweise halten (Meyer & Junghans 2021, S. 103). Natürlich ist es »nicht verboten, zuerst eine Methoden- oder Medienentscheidung zu treffen und erst danach zu fragen, welche Inhalte dazu passen und welche Ziele damit verfolgt werden können« (Meyer 2010, S. 199), denn Dogmen haben noch nie geholfen. Aus der Praxis möchte ich aber laut ausrufen: »Bitte nur in absoluten Ausnahmefällen«. In den letzten 20 Jahren der Lehrerbildung habe ich so viele Stunden gesehen, die daran scheiterten, dass die Methodenentscheidungen im Zentrum der Planung standen und es kaum eine Passung zum gewählten Inhalt und den formulierten Zielen gab.

Was genau sind Methoden?

> »Unterrichtsmethoden sind Verfahren und Formen, mit denen Lehrende und Lernende die Wirklichkeit der Welt unter den institutionalisierten Rahmenbedingungen von Schule vermitteln und sich aneignen, um den Schüler:innen zu helfen, Wissen und Können zu entwickeln, ihre Persönlichkeit und Urteilsfähigkeit zu stärken und soziale Verantwortung für sich und die Lerngruppe zu übernehmen« (Meyer & Junghans 2022, S. 15).

Zur Einordnung verschiedener Methoden bietet Meyer ein übersichtliches Drei-Ebenen-Modell an.

- *Methodische Großformen* bezeichnen die *Makromethodik* des Unterrichts. Darunter fallen der gemeinsame Unterricht, die Freiarbeit, Lehrgänge oder Projektarbeit.
- *Dimensionen methodischen Handelns* bezeichnen die *Mesomethodik*. Darunter fallen die gewählte → **Sozialform** und das Handlungsmuster (z. B. Textarbeit, Vortrag, Debatte). In diese Ebene fällt auch der Unterrichtsverlauf mit einem → **Einstieg**, einer Erarbeitung und einer → **Sicherung**.
- *Inszenierungstechniken* bezeichnen die *Mikroebene* des Unterrichts. Hiermit sind Handlungen wie zeigen, vormachen, ausblenden, konkretisieren gemeint.

Grundlagen des methodischen Handelns sind die Haltungen der Lehrkraft, die Körpersprache oder auch die Lernumgebung (ebd.). Selbstverständlich hat jedes Fach noch eine ganze Reihe spezieller Fachmethoden, etwa das Mikrospieren in den Naturwissenschaften. Es sei wiederholt: Egal, welche Unterrichtsmethode in der Planung infrage kommt, die Methode muss eine hohe Passung zu den anderen Planungselemente aufweisen.

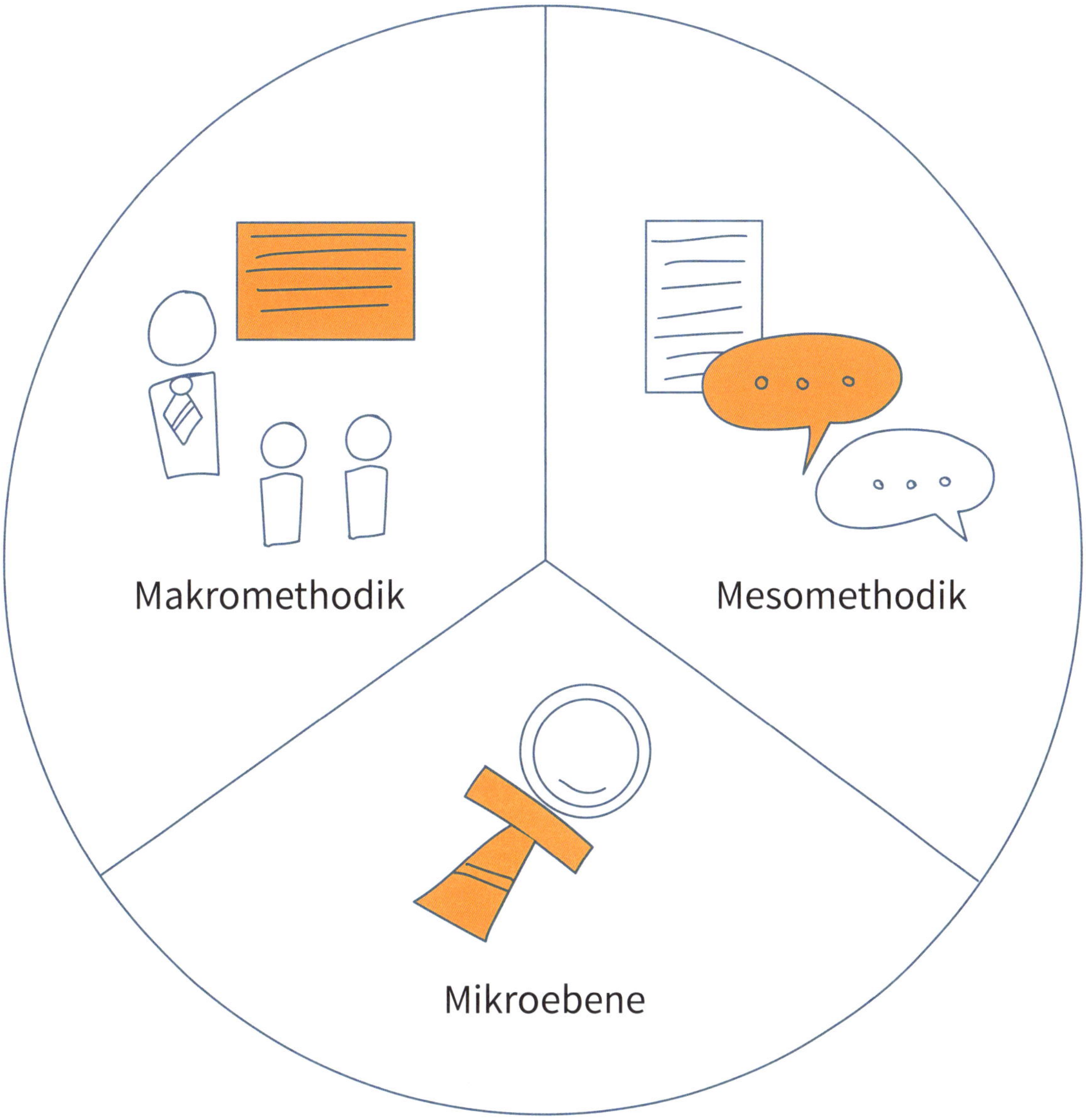
Makromethodik
Mesomethodik
Mikroebene

Zeitmanagement

Das Thema »Zeitmanagement« spielt in didaktischen Überlegungen schon deshalb eine Rolle, da schulische Lernprozesse in der Regel einer zeitlichen Begrenzung unterliegen. Nahezu jede Schule hat schon mal über Stundenraster diskutiert und nicht selten das klassische 45-Minuten-Raster verlassen. Allerdings ändern auch andere Zeitmodelle nichts an der Begrenzung. Aus diesem Grund ist ein gutes Zeitmanagement für jede Lehrkraft von Bedeutung.

Gleichwohl ist schon der Begriff irreführend. Denn wie soll etwas gemanagt werden, was kontinuierlich weiterläuft? Die Zeit ist nicht veränderbar. Es geht für Lehrkräfte viel mehr um einen reflektierten und strukturierten Umgang mit dem vorhandenen Zeitbudget. Ein Sonderfall ist dabei in Ausbildungs- und Prüfungssituationen zu sehen, die dem Druck unterliegen, eine möglichst »ideale« Stunde zu zeigen. Eine Stunde also, in der am Ende in besonderer Weise ein klarer Lernzuwachs im Sinne der Lehr- und Lernziele für *alle* Lernenden zu erkennen ist.

Daraus folgt, dass drei Phasen (→ **Einstieg**, Erarbeitung, → **Sicherung**) im Rahmen der Phasierung nur ein bestimmtes Zeitkontingent zur Verfügung haben (→ **Artikulation**). Insbesondere noch unerfahrene Lehrkräfte haben ein Problem mit der Zeit, da häufig zu viel in einer Stunde angestrebt wird. Auf der anderen Seite kann der Umgang mit der Zeit im Unterrichtsalltag ein entspannterer sein. Zur Not wird die Sicherungsphase, die aufgrund einer längeren Erarbeitung zu knapp ausgefallen ist, in die nächste Stunde verlagert.

Zeitmanagement heißt im schulischen Alltag vor allem, dass die Lehrkräfte nicht in Zeitdruck geraten. Damit leistet ein guter Umgang mit der Zeit auch einen wichtigen Beitrag zur Gesundheit von Lehrkräften. Für einen gesunden Umgang gibt es zahlreiche Tipps, die Anzahl der Ratgeber zum Zeitmanagement ist groß (etwa Hatzelmann & Held 2010; Seiwert & Schülke 2019; Rohnstock 2012). Es ist sinnvoll zwischen Zeitmanagement im Unterricht und Zeitmanagement in der Schule zu unterscheiden.

- Im schulischen Alltag ist eine langfristige Planung von entscheidender Bedeutung. In einem gut geführten Planer – ob digital oder analog – werden alle schulischen und privaten Termine eingetragen und regelmäßig aktualisiert (etwa Konferenzen, Wandertage, Klausurtermine). In einen solchen Planer sollten auch To-do-Listen aufgenommen werden. In diesen Listen, die im Idealfall in Jahres-, Monats-, Wochen- und Tageslisten unterteilt sind, werden die anstehenden Aufgaben notiert und verwaltet. Die Aufgaben werden etwa nach Dringlichkeit und Wichtigkeit eingeordnet. Gängige Verfahren sind etwa die ALPEN-Methode oder das Eisenhower-Prinzip. Der zentrale Aspekt solcher Listen ist die Übertragung von Aufgaben vom Kopf auf das Papier. Ein »leerer« Kopf sorgt für Entspannung (genauer Allen 2020). Es empfiehlt sich daher auch, immer etwas zum Schreiben bei sich zu führen. Nur dann kann man sofort aufschreiben, welche Aufgabe man gerade durchdenkt und somit seinen Kopf »leeren«. Ein weiteres Prinzip der Aufgabenverwaltung ist die frühe Erledigung unangenehmer Pflichtaufgaben (genauer Tracy 2019). Abschließend sei auf das Pareto-Prinzip hingewiesen, welches eine Art Anti-Perfektionismus-Prinzip darstellt. Danach reichen 20 Prozent der Zeit aus, um 80 Prozent des gewünschten Ergebnisses zu erreichen. Um 100 Prozent zu erreichen, sind noch einmal 80 Prozent der Zeit notwendig. Insbesondere bei Alltagsaufgaben wie einer normalen E-Mail ist es daher wichtig, sich mit 80 Prozent zufrieden zu geben.
- Vieles aus dem Schulmanagement lässt sich auf das Zeitmanagement im Unterricht übertragen. Zunächst ist aber wichtig, dass der Umgang mit der Zeit mit einer entspannten Haltung geschieht. Es ist völlig normal, wenn ein → **Einstieg** in den Unterricht einmal länger dauert und die Planung angepasst werden muss. Darüber hinaus passieren im Unterrichtsalltag immer wieder unvorhergesehene Dinge, die einen nicht aus der Ruhe bringen sollten (etwa eine größere Unterrichtsstörung von außen). Im Unterrichtsgeschehen sollte die Lehrkraft auch die Möglichkeit haben, immer etwas aufschreiben zu können. Gerade in komplexen Unterrichtssituationen, wie etwa in der → **Gesprächsführung**, ist es notwendig, sich Notizen über Gehörtes zu machen.

Nicht in Zeitdruck geraten

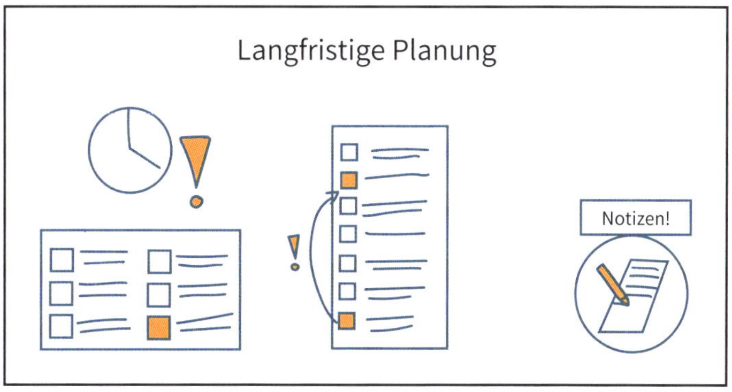
Langfristige Planung
Notizen!

Entspannte Grundhaltung
Notizen!

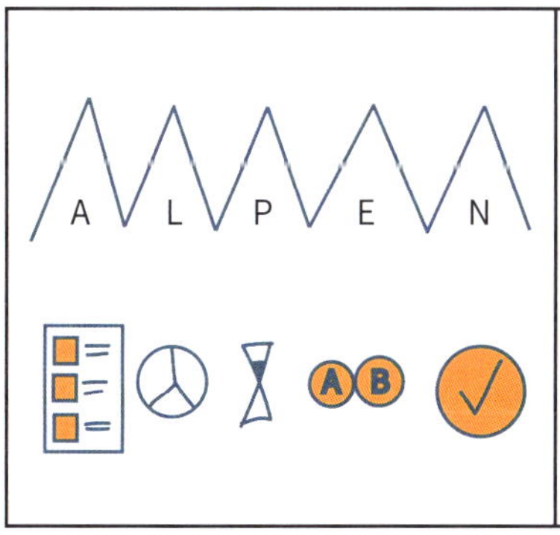
A L P E N
A B

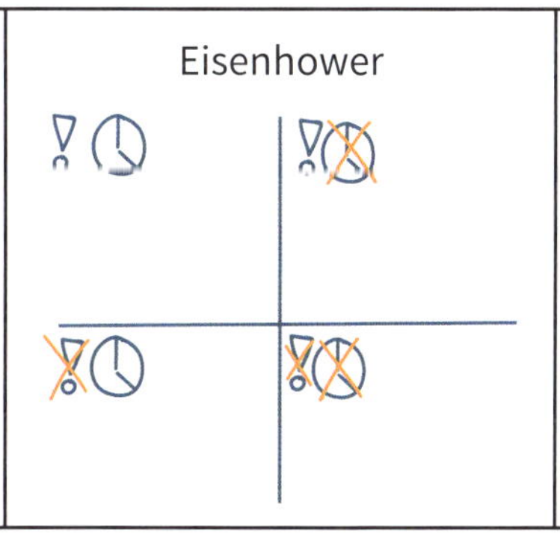
Eisenhower

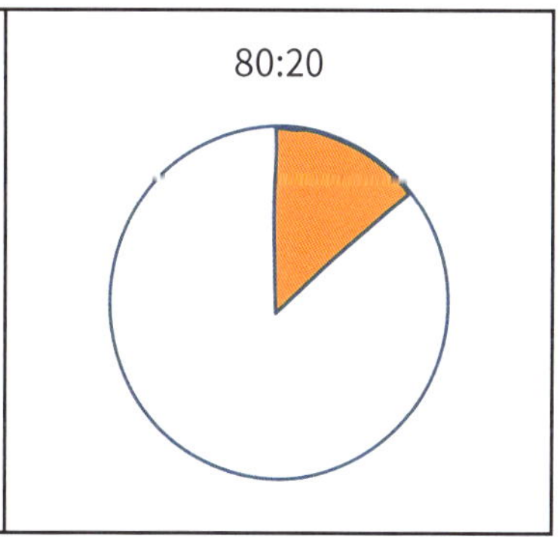
80:20

Schlusswort

In diesem Buch ging es um Didaktik und um Fragen nach Lehr- und Lernprozessen. Modelle, Konzepte oder konkrete didaktische Grundbegriffe wurden in Grundzügen dargestellt. Ich hoffe, ich konnte an der einen oder anderen Stelle Impulse zur Optimierung und Vereinfachung Ihres Unterrichtsalltags geben. Ich hoffe auch, dass die Sketchnotes einen vergnüglichen und schnellen Zugriff auf einzelne Ansätze oder Begriffe der Didaktik bieten.

Ich habe versucht, die Ausführungen gut leserlich, aber theoretisch fundiert darzustellen. Was nützen der Praxis theoretische Ausführungen, die aufgrund der komplexen Darstellungsweise allein schon durch die Lesezeit ungenutzt bleiben? Als junger Doktorand hat mein damaliger Doktorvater mir einen Satz mit auf den Weg gegeben, der mein berufliches Handeln bis heute leitet: »Theorie ohne Praxis ist leer, aber Praxis ohne Theorie ist blind«.

In diesem Sinne wünsche ich viel Freude bei der Arbeit mit Ihren Schülerinnen und Schülern. Bleiben Sie neugierig. Sollten Sie Anmerkungen haben oder einen Grundbegriff vermissen, so schreiben Sie mir gern eine Nachricht: *Lars.Schmoll@t-online.de*

Literaturverzeichnis

1 Didaktik: gestern – heute – morgen

Coriand, R. (2017). Allgemeine Didaktik: Ein erziehungswissenschaftlicher Umriss. Stuttgart: Kohlhammer.
Jank, W. & Meyer, H. (2002). Didaktische Modelle. 14. Auflage. Stuttgart: Cornelsen.
Lehner, M. (2019). Didaktik. Bern: UTB.
Terhart, E. (2019). Didaktik: Eine Einführung (aktualisierte und erweiterte Auflage). Stuttgart: Reclam.
Trautmann, M. (2018). Die Allgemeine Didaktik – eine umstrittene Disziplin. In: Porsch, R. (Hrsg.), Einführung in die Allgemeine Didaktik. Stuttgart: Waxmann, S. 9–24.

2 Didaktische Modelle und Konzepte

Bildungstheoretische Didaktik I: Die didaktische Analyse

Klafki, W. (1957). Das pädagogische Problem des Elementaren und die Theorie der kategorialen Bildung. Weinheim: Beltz.
Klafki, W. (1958). Didaktische Analyse als Kern der Unterrichtsvorbereitung. In: Die Deutsche Schule, Jg. 50, S. 450–471.
Klafki, W. (1963). Studien zur Bildungstheorie und Didaktik. Weinheim: Beltz.

Bildungstheoretische Didaktik II: Die kritisch-konstruktive Didaktik

Habermas, J. (1968). Erkenntnis und Interesse. Frankfurt am Main: Suhrkamp.
Klafki, W. (1985). Neue Studien zur Bildungstheorie und Didaktik. Beiträge zur kritisch-konstruktiven Didaktik. Weinheim: Beltz.
Klafki, W. (1993). Allgemeinbildung heute – Grundzüge internationaler Erziehung. In: Pädagogisches Forum, H. 1, S. 21–28.

Lehrtheoretische Didaktik

Heimann, P. (1962). Didaktik als Theorie und Lehre. In: Die Deutsche Schule, Jg. 54, S. 407–472.
Heimann, P., Otto, G. & Schulz, W. (1965). Unterricht – Analyse und Planung. Hannover: Schroedel.
Klafki, W., Otto, G. & Schulz, W. (1977). Didaktik und Praxis. Weinheim: Beltz.
Schulz, W. (1980). Unterrichtsplanung. München: B & S.

Lernzielorientierte Didaktik

Bloom, B. S. (Hrsg.) (1972). Taxonomie von Lernzielen im kognitiven Bereich. Weinheim: Beltz.
Deutscher Bildungsrat (1970). Empfehlungen der Bildungskommission. Strukturplan für das Bildungswesen. Stuttgart: Klett.
Mager, R. F. (1965). Lernziele und programmierter Unterricht. Weinheim: Beltz.
Meyer, H. (1974). Trainingsprogramm zur Lernzielanalyse. Weinheim: Beltz.
Möller, C. (1973). Technik der Lernplanung. Weinheim: Beltz.
Möller, C. (1974). Praxis der Lernplanung. Weinheim: Beltz.
Peterßen, W. H. (1974). Grundlagen und Praxis lernzielorientierten Unterrichts. Ravensburg: Meier.
Robinsohn, S. B. (1967). Bildungsreform als Revision des Curriculum. Neuwied: Luchterhand.
Roth, H. (1968). Stimmen die deutschen Lehrpläne noch? In: Die Deutsche Schule, Jg. 60, S. 69–76.

Kritisch-kommunikative Didaktik

Biermann, R. (1980). Schulisches Lernen in der Klassengruppe. Eine Auseinandersetzung mit der interaktionstheoretischen Didaktik. In: Neue Unterrichtspraxis, H. 13, S. 29–36.
Meyer, E. (1973). Unterrichtsvorbereitung in Beispielen: Bochum: Kamp.
Schäfer, K.-H. & Schaller, K. (1973). Kritische Erziehungswissenschaft und kommunikative Didaktik. Heidelberg: Meyer.
Winkel, R. (1980). Die kritisch-kommunikative Didaktik. In: Gudjons, H. & Winkel, R. (Hrsg.), Didaktische Theorien. Hamburg: Bergmann & Helbig, S. 93–112.
Winkel, R. (2016). Die kritisch-kommunikative Didaktik. Ihre Praxis und ihre Theorie. In: Porsch, R. (Hrsg.), Einführung in die Allgemeine Didaktik. Münster: Waxmann, S. 157–175.

Konstruktivistische Didaktik

Reich, K. (2012). Konstruktivistische Didaktik. Das Lehr- und Studienbuch mit Online-Methodenpool. 5., durchgesehene und erweiterte Auflage. Weinheim: Beltz.

Reich, K. (2016). Die konstruktivistische und inklusive Didaktik. In: Porsch, R. (Hrsg.), Einführung in die Allgemeine Didaktik. Münster: Waxmann, S. 177–206.

Kompetenzorientierte Didaktik

Fendt, A. & Meyer, H. (2010). Kompetenzorientierter Unterricht. In: Die Grundschulzeitschrift, H. 237, S. 29–33.

Kultusministerkonferenz (KMK) (Hrsg.) (2010). Konzeption der Kultusministerkonferenz zur Nutzung der Bildungsstandards für die Unterrichtsentwicklung. Köln: Carl Link.

Lersch, R. (2007). Kompetenzfördernd unterrichten. 22 Schritte von der Theorie zur Praxis. In: Pädagogik, Jg. 59, H. 12, S. 36–43.

Lersch, R. (2010). Didaktik und Praxis kompetenzfördernden Unterrichts. In: Faulstich-Christ, K., Lersch, R. & Mögling, K. (Hrsg.), Kompetenzorientierung in Theorie, Forschung und Praxis. Sekundarstufe I und II. Kassel: Prolog, S. 31–60.

Moegling, K. (2010). Zur Kompetenzdebatte – Zum Verhältnis von Bildung und Kompetenzorientierung. In: Faulstich-Christ, K., Lersch, R. & Mögling, K. (Hrsg.), Kompetenzorientierung in Theorie, Forschung und Praxis. Sekundarstufe I und II. Kassel: Prolog, S. 11–30.

Schmoll, L. (2019). Kompetenzorientiert ausbilden, kompetenzorientiert unterrichten – Eine Einführung. In: Schmoll, L. (Hrsg.), Kompetenzorientiert unterrichten – kompetenzorientiert ausbilden. Ein Kompetenzraster für die Aus- und Fortbildung. Baltmannsweiler: Schneider, S. 5–13.

Tschekan, K. (2011). Kompetenzorientiert unterrichten. Eine Didaktik. Berlin: Cornelsen.

Weinert, F. E. (2002). Leistungsmessungen in Schulen. 2. Auflage. Weinheim: Beltz.

Ziener, G. (2008). Bildungsstandards in der Praxis. Kompetenzorientiert unterrichten. Seelze: Kallmeyer.

Inklusive Didaktik

Reich, K. (2014). Inklusive Didaktik: Bausteine für eine inklusive Schule. Weinheim: Beltz.

Neurodidaktik

Friedrich, G. (1995). Die Praktikabilität der Neurodidaktik. Eine Analyse- und Bewertungsinstrument für die Fachdidaktik. Frankfurt am Main: Lang.

Friedrich, G. & Preiß, G. (2003). Neurodidaktik. Bausteine für einen Brückenbildung zwischen Hirnforschung und Didaktik. In: Pädagogische Rundschau, H. 57, S. 181–199.

Göppel, R. (2014). Gehirn, Psyche, Bildung. Chancen und Grenzen einer Neuropädagogik. Stuttgart: Kohlhammer.

Herrmann, U. (2020). Neue Wege des Lehrens und Lernens aus neurowissenschaftlicher Sicht. In: Herrmann, U. (Hrsg.), Neurodidaktik: Grundlagen für eine Neuropsychologie des Lernens. 3. Auflage. Weinheim: Beltz, S. 10–21.

Hüther, G. (2016). Bedienungsanleitung für ein menschliches Gehirn. 16. Auflage. Göttingen: Vandenhoeck & Ruprecht.

Roth, G. (2003). Fühlen, Denken, Handeln: Wie das Gehirn unser Verhalten steuert. Frankfurt am Main: Suhrkamp.

Spitzer, M. (2006). Lernen. Gehirnforschung und die Schule des Lebens. Heidelberg: Spektrum.

Agile Didaktik

Förtsch, M. & Stöffler, F. (2020). Die agile Schule: 10 Leitprinzipien für Schulentwicklung im Zeitalter der Digitalisierung. Hamburg: AOL.

Kesting, L. M. (2022). Srum im Unterricht: Praxisratgeber mit fächerübergreifenden Beispielen für agiles Projektlernen (5.–10. Klasse). Hamburg: Scolix.

Mittelbach, T. (2023). Agile Teamarbeit mit Scrum. In: Pädagogik, Jg. 75, H. 4, S. 25–29.

Parsons, T., Bales, R. & Shils, E. (1953). Working Papers of the Theory of Action. Berlin: Free Press.

3 Didaktische Grundbegriffe

Artikulation

Grell, J. & Grell, M. (1979). Unterrichtsrezepte. München: Urban & Schwarzenberg.

Herbart, J. F. (1806). Allgemeine Pädagogik aus dem Zwecke der Erziehung abgeleitet. Göttingen: Röver.

Kiel, E. (2008). Strukturierung. In: Kiel, E. (Hrsg.), Unterricht sehen, analysieren, gestalten (S. 21–36). Stuttgart: Klinkhardt.

Meyer, H. & Junghans, C. (2022). Unterrichtsmethoden I: Theorieband. 20., komplett überarbeitete Neuauflage. Berlin: Cornelsen.

Peterßen, W. H. (2000). Handbuch Unterrichtsplanung: Grundfragen – Modelle – Stufen – Dimensionen. München: Oldenbourg.

Roth, H. (1963). Pädagogische Psychologie des Lehrens und Lernens. 7., neu gestaltete und durchgesehene Auflage. Hannover: Schroedel.

Städeli, C., Grassi, A., Rhiner, K. & Obrist, W. (2010). Kompetenzorientiert unterrichten. Das AVIVA-Modell. Bern: hep.

Aufgaben

Meyer, H. (2010). Leitfaden Unterrichtsvorbereitung. 5. Auflage. Berlin: Cornelsen.

Maier, U. (2016). Aufgaben – Treibstoff des Unterrichts. In: Pädagogik, Jg. 68, H. 12, S. 6–9.

Mühlhausen, U. & Wegner, W. (2006). Erfolgreicher Unterrichten?! Eine erfahrungsbasierte Einführung in die Schulpädagogik. Baltmannsweiler: Schneider.

Sonnenburg, N. (2023). Gute Aufgaben im digital gestützten Unterricht. In: Pädagogik, Jg. 75, H.7–8, S. 40–45.

Stäudel, L. (2003). Der Aufgabencheck. Überprüfen Sie Ihre »Aufgabenkultur«. In: Friedrich Jahresheft XXI, S. 16–17.

Aufmerksamkeit

Andersen, A. (2020). Achtsamkeit im Unterricht – Konzentration, Entspannung und Wahrnehmung trainieren. Berlin: Cornelsen.

Berg, D., Imhof, M. & Baadte, C. (2016). Aufmerksamkeit und Konzentration. In: Rost, D. (Hrsg.), Handwörterbuch Pädagogische Psychologie. 5., überarbeitete und erweiterte Auflage (S. 36–42). Weinheim: Beltz.

Born, A. & Oehler, C. (2019). Lernen mit ADHS-Kindern: Ein Praxishandbuch für Eltern, Lehrer und Therapeuten. Stuttgart: Kohlhammer.

James, W. (1890). The principles of psychology. New York: Holt.

Kaltwasser, V. (2013). Achtsamkeit in der Schule. Stille-Inseln im Unterricht: Entspannung und Konzentration. Weinheim: Beltz.

Krowatschek, D. & Krowatschek, G. (2019). Marburger Konzentrationstraining (MKT) für Schulkinder. Dortmund: Modernes Lernen.

Rapp, G. (1982). Aufmerksamkeit und Konzentration. Erklärungsmodelle – Störungen – Handlungsmöglichkeiten. Bad Heilbrunn: Klinkhardt.

Rechtschaffen, D. (2016). Die achtsame Schule: Achtsamkeit als Weg zu mehr Wohlbefinden für Lehrer und Schüler. Freiamt: Arbor

Rietzler, S. & Grolimund, F. (2016). Erfolgreich lernen mit ADHS. Der praktische Ratgeber für Eltern. Bern: Hogrefe.

Schellig, D., Drechsler, R., Heinemann, D. & Sturm, W. (Hrsg.) (2009). Handbuch neuropsychischer Testverfahren. Aufmerksamkeit, Gedächtnis und exekutive Faktoren. Bern: Hogrefe.

Zell, H. (2019). Aufmerksamkeit und Konzentration. Grundlagen, Übungen und praktische Tipps. Norderstedt: BoD.

Bedingungsanalyse

Meyer, H. (2010). Leitfaden Unterrichtsvorbereitung. 5. Auflage. Berlin: Cornelsen.

Schmoll, L. (2010). Grundbausteine des Unterrichts. Baltmannsweiler: Schneider.

Diagnose

Eikenbusch, G. (2017). Diagnosen … aber gemeinsam und mit Konsequenz: Eine Anregung zu einem Gedankenexperiment. In: Pädagogik, Jg. 69, H. 2, S. 6–7.

Heymann, H. W. (2009). Lernen verstehen, anleiten und begleiten. Diagnostizieren und Fördern als schulische Handlungsfelder. In: Pädagogik, Jg. 61, H. 12, S. 6–9

Horstkemper, M. (2006). Fördern heißt diagnostizieren. In: Friedrich Jahresheft, XXV, S. 56–59.

Ingenkamp, K. & Lissmann, U. (2008). Lehrbuch der Pädagogischen Diagnostik. Weinheim: Beltz.

Linser, H. J., Greving, J. & Paradies, L. (2019). Diagnostizieren, Fordern und Fördern. 6., überarbeitete Auflage. Berlin: Cornelsen.

Schrader, F. W. (2001). Diagnostische Kompetenz von Eltern und Lehrern. In: Rost, D. H. (Hrsg.), Handwörterbuch Pädagogische Psychologie. 2., überarbeitete und erweiterte Auflage (S. 91–95). Weinheim: Beltz PVU.

Wild, K. P. & Krapp, A. (2006). Pädagogisch-Psychologische Diagnostik. In: Krapp, A. & Weidemann, B. (Hrsg.), Pädagogische Psychologie. 5., vollständig überarbeitete Auflage (S. 525–574). Weinheim: Beltz PVU.

Didaktische Reduktion

Hattie, J. & Zierer, K. (2016). Kenne deinen Einfluss. »Visible Learning« für die Unterrichtspraxis. Baltmannsweiler: Schneider.

Lefrancois, G. (2006). Psychologie des Lernens. 4. Auflage. Heidelberg: Springer.

Meyer, H. (2010). Leitfaden Unterrichtsvorbereitung. 5. Auflage. Berlin: Cornelsen

Schnack, J. (2020). Entwicklungsgerechter Unterricht. In: Pädagogik, Jg. 72, H. 11, S. 6–9.

Differenzierung und individuelle Förderung

Bönsch, M. (2004). Differenzierung in Schule und Unterricht. Ansprüche, Formen, Strategien: München: Oldenbourg.
Bönsch, M. (2009). Erfolgreicher Lernen durch Differenzierung im Unterricht. Braunschweig: Westermann.
Klafki, W. & Stöcker, H. (1976). Innere Differenzierung des Unterrichts. In: Zeitschrift für Pädagogik, Jg. 22, H. 4, S. 497–528.
Paradies, L. & Linser, H. J. (2005). Differenzieren im Unterricht. Berlin: Cornelsen.
Trautmann, M. & Wischer, B. (2007). Individuell fördern im Unterricht. Was wissen wir über innere Differenzierung? In: Pädagogik, Jg. 53, H. 12, S. 44–48.

Distanzlernen, Hybridunterricht und Blended Learning

Brägger, G. & Siewert, J. (2023). Blended Learning. Türöffner für personalisiertes Lernen. In: Pädagogik, Jg. 75, H. 7–8, S. 6–12.
Klee, W., Wampfler, P. & Krommer, A. (Hrsg.) (2021). Hybrides Lernen. Zur Theorie und Praxis von Präsenz- und Distanzunterricht. Weinheim: Beltz.
Krommer, A. & Wampfler, P. (2021). Distanzlernen, didaktische Schieberegler und zeitgemäßes Lernen. In: W. Klee, P. Wampfler & A. Krommer (Hrsg.), Hybrides Lernen. Zur Theorie und Praxis von Präsenz- und Distanzunterricht (S. 8–16). Weinheim: Beltz.
Kulgemeyer, C. (2023). Chancen und Risiken im Flipped Classroom. In: Pädagogik, Jg. 75, H. 7–8, S. 13–17.
Zierer, K. (2020). Herausforderung Homeschooling. Theoretische Grundlagen und empirische Ergebnisse zum Fernunterricht. Baltmannsweiler: Schneider.

Einstieg

Greving, J. & Paradies, L. (2009). Unterrichts-Einstiege. Ein Studien- und Praxisbuch. 8. Auflage. Berlin: Cornelsen.
Grell, J. & Grell, M. (1999). Das Rezept des informierenden Unterrichtseinstiegs. In: Grell, J. & Grell, M. (Hrsg.), Unterrichtsrezepte (S. 134–171). Weinheim: Beltz.
Meyer, H. (2000). Unterrichtsmethoden (Band II: Praxisband). 11. Auflage. Frankfurt am Main: Cornelsen.
Meyer, H. & Junghans, C. (2022). Unterrichtsmethoden II: Praxisband. 20., komplett überarbeitete Neuauflage. Berlin: Cornelsen.
Zierer, K. (2020). Visible Learning: Zur Weiterentwicklung und Aktualität der Forschungen von John Hattie. www.kas.de/documents/252038/7442725/Visible+Learning+2020.pdf/e664fc77-2b6e-bc9d-f6a1-9b8075268a50 (07.11.2022).

Feedback

Haag, L. & Götz, T. (2019). Was wissen wir über Feedback? Synopse der aktuellen Forschungsstandes. In: Friedrich Jahresheft, XXXVII, S. 14–19.
Hattie, J. (2014). Lernen sichtbar machen für Lehrpersonen. Baltmannsweiler: Schneider.
Hattie, J. & Zierer, K. (2016). Kenne deinen Einfluss! »Visible Learning« für die Unterrichtspraxis. Baltmannsweiler: Schneider.
Wisniewski, B. & Zierer, K. (2017). Visible Feedback. Ein Leitfaden für erfolgreiches Unterrichtsfeedback. Baltmannsweiler: Schneider.

Gedächtnis

Gage, N. L. & Berliner, D. C. (1996). Pädagogische Psychologie. 5., vollständig überarbeitete Auflage. Weinheim: Beltz PVU.
Oerter, R. & Montada, L. (2008). Entwicklungspsychologie. 6., vollständig überarbeitete Auflage. Weinheim: Beltz: PVU.

Gesprächsführung

Bittner, S. (2006). Das Unterrichtsgespräch. Formen und Verfahren des dialogischen Lehrens und Lernens. Bad Heilbrunn: Klinkhardt.
Gudjons, H. (2007). Frontalunterricht – neu entdeckt. Integration in offene Unterrichtsformen. 2., durchgesehene Auflage. Bad Heilbrunn: Klinkhardt.
Orth, P. (2009). Gesprächsformen und ihre Gelingensbedingungen. In: Pädagogik, Jg. 61, H.1, S. 30–33.
Schmoll, L. (2021). Praxisbuch Unterrichtsgespräch. Grundlagen und Trainingstools. Weinheim: Beltz.
Schneider, F. & Draken, K. (2020). Unterrichtsgespräche. Gespräche in der Klasse initiieren, moderieren, reflektieren. Berlin: Cornelsen.

Hausaufgaben

Kohler, B. (2011). Weniger ist oft mehr. Hausaufgaben sinnvoll stellen. In: Pädagogik, Jg. 52, H. 2, S. 25–27.
Kohler, B. (2013). Was wissen wir über Hausaufgaben? Ergebnisse der Forschung und Konsequenzen für die Praxis. In: Pädagogik, Jg. 65, H. 3, S. 6–9.
Kohler, B. (2017). Hausaufgaben: Überblick und Praxishilfen: Für Halbtags- und Ganztagsschulen. Weinheim: Beltz.
Standop, J. (2013). Hausaufgaben in der Schule: Theorie, Forschung, didaktische Konsequenzen. Bad Heilbrunn: Klinkhardt.

Klassenführung

Eichhorn, C. (2015). Classroom-Management. Wie Lehrer, Eltern und Schüler guten Unterricht gestalten. Stuttgart: Klett-Cotta.

Good, T. L. & Brophy, J. E. (1997). Looking in Classrooms. New York: Addison Wessley.

Kounin, J. (1976). Techniken der Klassenführung. Stuttgart: Klett.

Nolting, H. P. (2002). Störungen in der Schulklasse. Ein Leitfaden zur Vorbeugung und Konfliktlösung. Weinheim: Beltz.

Klassenklima

Eder, F. (1996). Schul- und Klassenklima. Ausprägung, Determinanten und Wirkungen des Klimas an höheren Schulen. Innsbruck: Studien Verlag.

Helmke, A. (2017). Unterrichtsqualität und Lehrerprofessionalität. Diagnose, Evaluation und Verbesserung des Unterrichts 7. Auflage. Seelze: Klett.

Meyer, H. & Bülter, H. (2004). Was ist ein Lernförderliches Klima? Voraussetzungen und Wirkungen. In: Pädagogik, Jg. 60, H. 11, S. 31–36.

Meyer, H., Pfiffner, M. & Walter, C. (2007). Ein unterstützendes Lernklima erzeugen. Was wissen wir über den Einfluss der Lernumwelt? In: Pädagogik, Jg. 63, H. 11, S. 42–47.

Schmoll, L. (2023). Wir werden eine Klasse. Mit gutem Klassenklima im Schulalltag gemeinsam mehr erreichen. Hamburg: Scolix.

Kognitive Aktivierung

Albers, A. (2021). Kognitiv aktivierend unterrichten. Was bedeutet das und wie geht das? In: Pädagogik, Jg. 73, H. 11, S. 6–9.

Craik, F. I. M. & Lockhart, R. S. (1972). Levels of processing: A framework for memory research. In: Journal of Verbal Learning and verbal Behavior, 11, S. 671–684.

Fauth, B. & Leuders, T. (2018). Kognitive Aktivierung im Unterricht. Stuttgart: Landesinstitut für Schulentwicklung.

Heymann, H. W. (2015). Warum sollte Unterricht kognitiv aktivieren? Anregungen von vertiefendem, verstehendem, vernetzendem Lernen. In: Pädagogik, Jg. 67, H. 5, S. 6–9.

Klieme, E. (2006). Empirische Unterrichtsforschung: aktuelle Entwicklungen, theoretische Grundlagen und fachspezifische Befunde. In: Zeitschrift für Pädagogik, Jg. 52, H. 6, S. 765–775.

Kunter, M. & Trautwein, U. (2013). Psychologie des Unterrichts. Paderborn: UTB.

Mühlhausen, U. (2015). Die Schüler und Schülerinnen motivieren und kognitiv aktivieren. In: Pädagogik, Jg. 67, H. 2, S. 42–46.

Kooperatives Lernen

Borsch, F. (2018). Kooperatives Lernen: Theorie – Anwendung – Wirksamkeit. 3., aktualisierte Auflage. Stuttgart: Kohlhammer.

Brüning, L. & Saum, T. (2009). Erfolgreich unterrichten durch Kooperatives Lernen. Band 1: Strategien zur Schüleraktivierung. Essen: NDS.

Brüning, L. & Saum, T. (2009). Erfolgreich unterrichten durch Kooperatives Lernen. Band 2: Individualisierung – Leistungsbeurteilung – Schulentwicklung. Essen: NDS.

Green, N. & Green, K. (2009). Kooperatives Lernen im Klassenraum und im Kollegium. Das Trainingsbuch. 2. Auflage. Seelze: Kallmeyer.

Huber, A. (Hrsg.) (2008). Kooperatives Lernen – kein Problem. Effektive Methoden der Partner- und Gruppenarbeit (für Schule und Erwachsenenbildung). Stuttgart: Klett.

La Prova, A. (2021). Kooperatives Lernen in der Praxis (1. bis 6. Klasse). Hamburg: AOL.

Johnson, D. W. & Johnson, F. (2006). Joining together: Group theory and research. 9. Auflage. Boston: Allyn & Bacon.

Rabenstein, K. & Reh, S. (Hrsg.) (2007). Kooperatives und selbstständiges Arbeiten von Schülern. Zur Qualitätsentwicklung von Unterricht. Wiesbaden: VS Verlag für Sozialwissenschaften.

Künstliche Intelligenz

Falck, J. (2024). Effektiv unterrichten mit Künstlicher Intelligenz: Wie Lehrkräfte und Lernende ChatGPT und andere KI-Tools in der Schule erfolgreich einsetzen können. Hamburg: Persen.

König, A. (2024). Upgrade: KI-Pädagogik: Verstehen – Einsetzen – Beurteilen. Seelze: Kallmeyer (in Vorbereitung).

Lehrkräftevortrag und Erklären

Gudjons, H. (2007). Frontalunterricht neu entdeckt. Integrationen in offene Unterrichtsformen. 2., durchgesehene Auflage. Bad Heilbrunn: Klinkhardt.

Meyer, H. & Junghans, C. (2022). Unterrichtsmethoden II: Praxisband. Berlin: Cornelsen.

Pauli, C. (2015). Einen Sachverhalt erklaren. In: Pädagogik, Jg. 67, H. 3, S. 44–47.

Scheffel, L. (2019). Erklären im Unterricht. Taktiken und Strategien. Weinheim: Beltz.

Schmoll, L. (2021). Praxisbuch Unterrichtsgespräch. Grundlagen und Trainingstools. Weinheim: Beltz.

Lernen und Lehren im Zeitalter der Digitalität

Gold, A. (2023). Digital lesen. Was sonst? Göttingen: Vandenhoeck & Ruprecht.

Kerres, M. (2018). Mediendidaktik. Konzeption und Entwicklung digitaler Lernangebote. 5. Auflage. Oldenbourg: de Gruyter.

Krommer, A. (2019). Paradigmen und palliative Didaktik. Oder: Wie Medien Wissen und Lernen prägen. https://axelkrommer.com/2019/04/12/paradigmen-und-palliative-didaktik-oder-wie-medien-wissen-und-lernen-praegen (22.12.2023).

Kultusministerkonferenz (KMK) (Hrsg.) (2021). Lehren und Lernen in der digitalen Welte. Die ergänzende Empfehlung zur Strategie »Bildung in der digitalen Welt«. Berlin.

Muuß-Merholz, J. (2021). 1K Beliebig oder bahnbrechend? In: Pädagogik, Jg. 72, H. 12, S. 9–14.

Schaumburg, H. (2021). Ist digital unterstützter Unterricht lerneffektiv? In: Pädagogik, Jg. 72, H. 9, S. 43–46.

Zierer, K. (2017). Lernen 4.0. Pädagogik vor Technik. Möglichkeiten und Grenzen einer Digitalisierung im Bildungsbereich. Baltmannsweiler: Schneider.

Zyber, E. (2021). Medienmündigkeit – ein Bildungsauftrag der Schule? In: Pädagogik, Jg. 72, H.1, S. 6–9.

Motivation

Csíkszentmihályi, M. (1985). Das Flow-Erlebnis. Stuttgart: Klett-Cotta.

Deci, E. L. & Ryan, R. M. (1993). Die Selbstbestimmungstheorie der Motivation und ihre Bedeutung für die Pädagogik. In: Zeitschrift für Pädagogik, H. 2, S. 224–238.

Dresel, M. (2004). Motivationsförderung im schulischen Kontext. Göttingen: Hogrefe.

Gage, N. L. & Berliner, D. C. (1996). Pädagogische Psychologie. 5., vollständig überarbeitete Auflage. Weinheim: Beltz PVU.

Heckhausen, H. (1989). Motivation und Handeln. 2. Auflage. Berlin: Springer.

Langfeld, H. P. (2006). Psychologie für die Schule. Weinheim: Beltz PVU.

Ormrod, J. E. (2006). Educational Psychology. 4. Auflage. New Jersey: Pearson.

Rheinberg, F. (1998). Motivationstraining und Motivierung. In: Rost, D. H. (Hrsg.), Handwörterbuch Pädagogische Psychologie (S. 357–360). Weinheim: Beltz PVU.

Ryan, R. M. & Deci, E. L. (2000). Intrinsic and extrinsic motivations: Classic definitions and new directions. In: Contemporary Educational Psychology, 25, S. 54–67.

Smolka, D. (2004). Schülermotivation – Konzepte und Anregungen für die Praxis. 2. Auflage. München: Luchterhand.

Weiner, B. (1976). Theorien der Motivation. Stuttgart: Klett.

Wild, E., Hofer, M. & Pekrun, R. (2001). Psychologie des Lernens. In: Krapp, A. & Weidemann, B. (Hrsg.), Pädagogische Psychologie. 4. Auflage (S. 207–270). Weinheim: Beltz PVU.

Regeln und Rituale

Eichhorn, C. (2008). Classroom Management. Wie Eltern, Lehrer und Schüler guten Unterricht gestalten. Stuttgart: Klett-Cotta.

Helmke, A. (2022). Unterrichtsqualität und Professionalität. Diagnostik von Lehr-Lern-Prozessen und evidenzbasierte Unterrichtsentwicklung. Seelze: Kallmeyer.

Lohmann, G. (2015). Mit Schülern klarkommen. Professioneller Umgang mit Unterrichtsstörungen und Disziplinkonflikten. Berlin: Cornelsen.

Nolting, H. P. (2002). Störungen in der Schulklasse. Ein Leitfaden zur Vorbeugung und Konfliktlösung. Weinheim: Beltz.

Selbstgesteuertes Lernen

Haas, U. (2015). Selbstorganisiertes Lernen im Unterricht. Eine unterrichtspraktische Einführung. Weinheim: Beltz.

Herold, C. & Herold, A. (2017). Selbstorganisiertes in Schule und Beruf: Gestaltung wirksamer und nachhaltiger Lernumgebungen. Weinheim: Beltz.

Konrad, K. & Traub, S. (2017). Selbstgesteuertes Lernen: Grundwissen und Tipps für die Praxis. Baltmannsweiler: Schneider.

Miller, D. & Oelkers, J. (2020). Selbstgesteuertes Lernen: Interdisziplinäre Kritik eines suggestiven Konzepts: Mit Nachbemerkungen zum Corona-Lockdown. Weinheim/Basel: Beltz Juventa.

Weinert, F. E. (1982). Selbstgesteuertes Lernen als Voraussetzung, Methode und Ziel des Unterrichts. In: Unterrichtswissenschaft, Jg. 10, H. 2, S. 99–110.

Schüler:innenorientierung

Meyer, H. (2010). Leitfaden Unterrichtsvorbereitung. 5., komplett überarbeitete Auflage. Berlin: Cornelsen Skriptor.

Sicherung

Heymann, H. W. (2001). Lernergebnisse sichern – aber wie? In: Pädagogik, Jg. 53, H. 10, S. 6–9.

Meyer, H. & Junghans, C. (2021). Unterrichtsmethoden II: Praxisband. 17., komplett überarbeitete Neuauflage. Berlin: Cornelsen.

Sozialformen

Apel, J. (2007). Darbietung im Unterricht. Tradition, Formen und Grenzen der Darbietung. In: Pädagogik, Jg. 59, H. 11., S. 12–15.

Gudjons, H. (2021). Frontalunterricht neu entdeckt. Integration in offene Unterrichtsformen. 4., aktualisierte Auflage. Stuttgart: UTB.

Haag, L. (2005). Gruppenmethoden und Gruppenarbeit. In: Pädagogik, Jg. 57, H. 3., S. 26–30.

Meyer, H. & Junghans, C. (2021). Unterrichtsmethoden II: Praxisband. 17., komplett überarbeitete Neuauflage. Berlin: Cornelsen.

Meyer, H. & Junghans, C. (2022). Unterrichtsmethoden I: Theorieband. 20., komplett überarbeitete Neuauflage. Berlin: Cornelsen.

Üben

Brinkmann, M. (2021). Die Wiederkehr des Übens: Praxis und Theorie eines pädagogischen Grundphänomens. Stuttgart: Kohlhammer.

Ebbinghaus, H. (1895). Über das Gedächtnis. Untersuchungen zur experimentellen Psychologie. Leipzig: Duncker & Humblot.

Duckworth, A. (2016). GRIT. Die neue Formel zum Erfolg. Mit Begeisterung und Ausdauer ans Ziel. München: Bertelsmann.

Gloeckner, M. (2020). Wie man Unterrichtszeit für das Üben generiert. Flipped Classroom (nicht nur) im Fremdsprachenunterricht. In: Pädagogik, Jg. 72, H. 2, S. 22–25.

Gudjons, H. (2005). Methoden und Strategien intelligenten Übens. In: Pädagogik, Jg. 57, H. 11, S. 12–15.

Helmke, A. (2022). Unterrichtsqualität und Professionalisierung. Diagnostik von Lehr-Lern-Prozessen und evidenzbasierte Unterrichtsentwicklung. Hannover: Klett, Kallmeyer

Stern, E. (2006). Was wissen wir über erfolgreiches Lernen in der Schule. In: Pädagogik, Jg. 58, H. 1, 58, S. 45–49.

Unterrichtsmethoden

Mattes, W. (2002). Methoden für den Unterricht: 75 kompakte Übersichten für Lehrende und Lernende. Paderborn: Schöningh.

Meyer, H. (2003). Zehn Merkmale guten Unterrichts. In: Pädagogik, Jg. 55, H. 10, S. 36–43.

Meyer, H. (2010). Leitfaden Unterrichtvorbereitung. 5. Auflage. Berlin: Cornelsen.

Meyer, H. & Junghans, C. (2022). Unterrichtsmethoden I: Theorieband. 20., komplett überarbeitete Neuauflage. Berlin: Cornelsen.

Pallasch, W. & Zopf, D. (1999). Methodix. 250 Übungen für den Unterrichtsalltag. 2. Auflage. Weinheim: Beltz.

Peterßen, W. H. (2009). Kleines Methoden-Lexikon. 2., aktualisierte Auflage. München: Oldenbourg.

Schmoll, L. (2012). Sozialformen, Unterrichtsmethoden, Lerntechniken. Baltmannsweiler: Schneider.

Zeitmanagement

Allen, D. (2020). Wie ich die Dinge geregelt kriege. Selbstmanagement für den Alltag. 8. Auflage. München: Piper.

Hatzelmann, E. & Held, M. (2010). Vom Zeitmanagement zur Zeitkompetenz: Das Übungsbuch für Berater, Trainer, Lehrer und alle, die ihre Zeitqualität erhöhen möchten. Weinheim: Beltz.

Rohnstock, D. (2012). Zeit- und Selbstmanagement für Lehrerende. 2., überarbeitete Auflage. Berlin: Cornelsen.

Seiwert, L. & Schülke, M. (2019). Zeitmanagement für Lehrer: In 30 Minuten wissen Sie mehr. Offenbach: Gabal.

Tracy, B. (2019). Eat that Frog: 21 Wege, wie Sie in weniger Zeit mehr erreichen. Offenbach: Gabal.